CW01665667

GUIDE HACHETTE FAMILLE

La Propreté

Jeanne Ardoin

hachette
FAMILLE

Sommaire

Avant-propos

Si vous tenez ce livre entre vos mains, c'est que vous êtes le parent d'un charmant bambin de – peu ou prou – 24 mois. Et que, en ce moment, une question vous taraude : celle de la propreté. Or vous doutez. Vous vous posez mille questions. Et vous partez à la pêche aux informations, ce qui vous complique encore un peu plus la tâche.

Car votre mère prétend que, de son temps, on apprenait la propreté aux enfants de moins de 1 an. Votre voisine affirme que, s'il monte les escaliers, Pitchoun est prêt. D'après votre nounou, il faut y aller progressivement. Mais votre conjoint, qui l'a entendu dire à la machine à café, prétend qu'il suffit de décider d'un jour dans l'année pour se lancer. Cette affaire de pot vous plonge dans l'incertitude, voire le désarroi.

Pour en sortir, vous attendez le déclic du premier concerné. Cela vous faciliterait la tâche, évidemment... Le hic, c'est que vous n'avez pas le temps d'attendre trop longtemps et de vous interroger plus avant. Car l'école commence en septembre et vous avez entendu par ouï-dire que, sans culotte, votre enfant a peu de chances d'être accepté dans le vaste cercle du savoir. Il va donc falloir vous y mettre sérieusement. Oui mais... Quand commencer l'apprentissage ? Comment opérer concrètement ? Que dire en cas de franche réussite ? Comment réagir devant les petits incidents de parcours ? Cet ouvrage apporte toutes les réponses à vos interrogations. Pour faire de cette étape naturelle et structurante, une aventure enrichissante, un grand moment.

Côté parents, un peu de recul...

Avant de songer à la propreté de sa majesté le grand bébé, prenez un moment pour vérifier que vous-même êtes en mesure de passer ce cap délicat. Au programme : confiance, patience et bienveillance, rien que ça ! Plus un brin d'implication...

SOYEZ CONFIANT

Premier conseil et non des moindres : ne devenez pas un terroriste de la propreté, un ayatollah du pot de chambre ! Non. Personne n'a jamais rien appris de bon sous la pression, encore moins sous la menace. Il se peut évidemment que l'opération réussisse. Mais à quel prix ? Voulez-vous réellement détériorer la tendre relation qui vous lie, Pitchoun et vous ?

L'enfant est une éponge à émotions. Vous le savez d'ailleurs parfaitement. Souvent, pour le faire rire, vous riez vous-même. La nuit, pour le consoler, vous lui prodiguez caresses et mots tendres. Il ne vous viendrait pas à l'esprit de hurler pour lui décrocher un

sourire ou sécher une larme. Il en va de même pour aborder ce sujet délicat de la propreté. Plus vous serez serein, plus il le sera.

Bien entendu, la réciproque est vraie. En faisant de la propreté toute une histoire, l'opération se compliquera d'elle-même. Le pot est certes un enjeu de taille puisqu'il est le sésame pour l'école. Mais s'il devient une source d'angoisse pour vous, si vous êtes stressé à l'idée que votre chérubin ne soit pas dans les temps, vous communiquerez inévitablement votre angoisse au premier concerné. Et bloquerez cet apprentissage physiologique qui est, rappelons-le, naturel.

Vous éprouvez une certaine angoisse, voire de la panique ? Vous craignez que ce passage ne tourne au rapport de force ? Prenez le temps de retrouver vos esprits. Prenez surtout du recul : connaissez-vous un enfant qui ait eu des difficultés telles qu'il n'est toujours pas propre à l'adolescence ? Non, nous sommes bien d'accord. Donc, bon an, mal an, vous allez y arriver. Ou plutôt, votre enfant va devenir propre. Quand ? Vous ne le savez pas encore. Mais la question n'est pas là.

Restez zen. Ne feignez pas la sérénité, soyez vraiment confiant. C'est le meilleur moyen de transmettre de l'assurance à votre enfant, un sentiment dont il a aujourd'hui bien besoin. Ne prenez pas les choses au tragique, choisissez la légèreté. Faites de cet apprentissage des moments de partage, de fierté ! L'enfant doit être fier de grandir. Le parent, lui, peut être fier de se lancer concrètement dans cette transmission. De quoi s'agit-il, finalement ? De lui apprendre à avancer, de l'accompagner dans ses progrès. Exactement comme vous l'avez fait il y a plusieurs mois, lorsque vous l'encouragiez à mettre un pied devant l'autre. Vous avez adoré lui apprendre à marcher ? Appréciez maintenant de lui apprendre à être propre.

SOYEZ PATIENT

Et en parlant de cela, rappelez-vous. Vous lui avez appris à marcher, certes, et tout en douceur, s'il vous plaît. Peu à peu, pas à pas. Pitchoun n'a pas couru du jour au lendemain. Pourquoi diable devrait-il être propre d'un coup de baguette magique ?

Nous évoluons dans un monde où tout va vite, où tout doit aller vite. Résistez à la pression ambiante. La propreté n'est pas une course contre la montre. Vous avez un objectif, nous sommes d'accord. Mais l'important est que le chemin qui mène au but soit tout aussi agréable que l'arrivée en elle-même.

LE SAVIEZ-VOUS ?

Quelques repères

- La plupart des enfants occidentaux apprennent à être propres entre 24 et 48 mois, mais le processus est très hétérogène et il n'y a pas d'âge précis pour commencer.
- Les filles ont tendance à y parvenir un peu plus jeunes que les garçons.
- La durée moyenne entre le début de l'initiation et la propreté réelle oscille entre trois et six mois.
- Le contrôle de la vessie ne coïncide pas toujours avec celui des intestins.
- La propreté nocturne peut concorder avec la propreté diurne ou se produire plusieurs mois, voire plusieurs années après.

Pour certains bambins, il est vrai que le cap est vite franchi. Un beau jour, on ne sait pas trop pourquoi, ils se lèvent et demandent à enfiler une culotte, arguant que la couche « c'est pour les bébés ». Le pot est vite identifié, la machine rapidement contrôlée. Heureux parents que ceux-là ! Mais vous ne ferez peut-être pas partie de ces grands gagnants, et rien n'est moins dramatique.

Les enfants sont tous différents. Tous possèdent talents et fragilités. Et vont à leur propre rythme, celui qu'instinctivement ils jugent bon pour eux-mêmes. Quand d'aucuns apprennent vite à se tenir debout, d'autres prennent leur temps. Quand certains prononcent leurs premiers mots vers l'âge de 12 mois, d'autres attendent de souffler leurs 2 bougies. Pourquoi en serait-il autrement dans cette affaire de pot ? Rappelez-vous toujours que votre enfant est unique, que ses besoins sont particuliers et que son développement avance en fonction de sa personnalité. Et pas forcément selon le timing de l'école.

SOYEZ BIENVEILLANT

L'acquisition de la propreté est donc un long chemin, pas nécessairement semé d'embûches mais néanmoins quelque peu sinueux. Ne croyez pas qu'un jour vaut pour toujours. Vingt-quatre heures sans « accident » représentent une petite victoire qu'il convient d'apprécier et d'applaudir à sa juste valeur. Mais votre enfant, comme tous ses petits camarades, s'oubliera, c'est certain. Ne prenez pas ces incidents au tragique et considérez-les comme naturels, eux aussi. Surtout, ne vous découragez pas. Malgré toute la bonne volonté du monde et vos prouesses en matière d'éducation, votre tolérance et votre patience légendaires risquent d'être mises à rude épreuve. Mais c'est bien sur ces deux piliers [votre tolérance et votre patience, donc] que Pitchoun doit pouvoir s'appuyer pour parvenir à avancer sur ce chemin. Rassurez-le : vous n'êtes pas loin.

À l'orée de l'aventure, choisissez de rester dans la bienveillance, « veillez bien » sur votre enfant. Abstenez-vous de stresser pour rien et d'être dans l'urgence ou le défaitisme. Soyez à l'écoute de Pitchoun, attentif à son développement, à chacun de ses progrès. Profitez de ce moment particulier pour le regarder évoluer, grandir, devenir autonome. Et... oui, s'éloigner un peu de vous. Prenez votre temps parce que ce temps-là est savoureux. Pourquoi la propreté ne serait-elle pas aussi noble que la marche ou le langage ?

INVESTISSEZ-VOUS

Cette petite mise au point avec vous-même effectuée, revenons à nos moutons. Il va de soi que l'acquisition de la propreté doit être amorcée si et seulement si votre enfant le souhaite et que son niveau de développement le lui permet [voir p. 24]. Tout apprentissage suppose une expérimentation personnelle. Pitchoun n'apprendra que s'il expérimente par lui-même le processus. Principal acteur, il est maître de la situation. Et des opérations.

Cependant, vous avez un rôle à jouer, un rôle que vous devez investir. En tant que parent, vous êtes celle ou celui qui l'incite à expérimenter la réalité, qui le guide, l'accompagne, l'encourage, le soutient. Vous ne pouvez pas attendre de lui qu'il se construise tout seul. Non, ce serait trop lui demander... Alors, interrogez-vous : êtes-vous prêt à consacrer du temps, de l'énergie, de la tendresse à cette grande initiation ?

Si vous avez tendance à vouloir déléguer cet apprentissage, pour des raisons qui vous sont propres et que personne n'a à commenter, demandez-vous pourquoi. Qu'est-ce qui vous gêne, vous contrarie ? Pour vous aider à vous investir, rappelez-vous que l'enfant, comme tous les individus, a des besoins dits « fondamentaux », des besoins communs à tous les êtres humains. Il a, finalement, les mêmes besoins que vous.

UN BESOIN FONDAMENTAL

Dans les années 1940, le psychologue américain Abraham H. Maslow est le premier à exposer une théorie sur la hiérarchie des besoins et à en proposer une représentation pyramidale. Celle-ci est encore d'actualité aujourd'hui. Les spécialistes de l'enfance affirment ainsi que si ces cinq besoins sont satisfaits, du plus essentiel au moins vital, alors l'individu va plutôt bien, merci (voir schéma ci-contre).

Ce dont l'enfant a le plus besoin, comme tout être humain, c'est donc que ses besoins soient pris en compte. Et puisqu'il n'est pas en mesure de le faire par lui-même, il est nécessaire que son entourage s'y applique. Et avant tout, si l'on considère la pyramide, que ledit entourage s'occupe des besoins physiologiques les plus archaïques, les besoins de base – c'est-à-dire l'alimentation, le sommeil, l'élimination, l'intégrité physique en général.

Voyez-vous où nous voulons en venir ? L'élimination, bien sûr, est essentielle, et l'intégrité physique aussi. Alors, ne tergi-

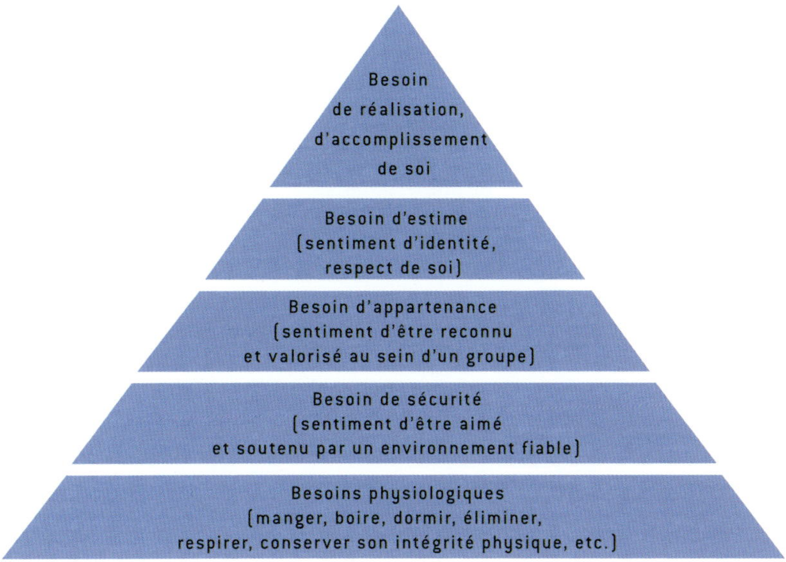

La pyramide des besoins d'Abraham H. Maslow.

versez plus, ne vous posez pas tant de questions. Vous en posez-vous lorsqu'il s'agit de l'équilibre alimentaire ou du sommeil de votre enfant ? Revenez à l'essentiel : c'est votre rôle de parent de veiller à la fameuse intégrité physique de Pitchoun. Elle est nécessaire à son autonomie et à sa bonne santé.

Côté enfant, de la psychologie !

Il s'en passe, des choses, dans la tête d'un enfant qui grandit ! Pour mieux l'accompagner, au plus juste du petit individu qu'il est, faites preuve d'un peu de psychologie. Comprenez quelles peurs et quels désirs inconscients peuvent contrarier l'acquisition de la propreté.

DEVENIR GRAND ? BOF...

L'apprentissage de la propreté est un cap. Et aux yeux de l'enfant, franchir ce cap ne présente pas que des avantages. Cette histoire pourrait même dissimuler quelques inconvénients. Le premier d'entre eux est bien sûr cette idée absurde – et surtout encore très abstraite pour un petit de 2 ans et des poussières – selon laquelle il faudrait grandir. Et au nom de quoi, s'il vous plaît ? Comprenez-le. Il ne cesse de vous entendre dire combien c'est formidable qu'il devienne grand. Seulement Pitchoun ne l'entend pas nécessairement de cette oreille. Pour lui, devenir grand et autonome, c'est se séparer de vous. Et qu'y a-t-il de réellement positif à cette séparation aussi symbolique que pratique ?

Ne plus porter de couches, c'est ne plus avoir besoin d'être changé et, par voie de conséquence, ne plus être materné, dorloté, bichonné plusieurs fois par jour sur une table à langer fort confortable. C'est renoncer à ces moments de partage avec vous. C'est accepter que vous ayez moins besoin de vous occuper de lui, ce pauvre petit être sans défense. Et ça, se dit-il plus ou moins consciemment, c'est moche !

Ces réticences, ces résistances restent généralement du domaine de l'inconscient. Pitchoun ne vous dira jamais que c'est parce qu'il a peur de vous perdre qu'il ne souhaite pas installer son petit derrière sur le pot. Il ne peut ni verbaliser, ni analyser ce qui le pousse à demeurer dans le confort des couches, un environnement connu de lui et, par conséquent, confortable, sûr, rassurant.

Il est donc parfaitement inutile de chercher à canaliser son angoisse en engageant la conversation et en essayant de lui faire entendre raison. L'enfant n'est pas en mesure de raisonner, il n'a absolument pas la capacité de polémiquer avec vous. Il ne comprendra probablement rien à ce que vous pourrez lui raconter ! Pour lui, la corrélation entre l'autonomie et la distance qu'elle implique reste de l'ordre du ressenti. Elle n'est pas pensée.

Cela dit, vous devez tenir compte de cette possible fragilité affective dès le départ. Et apaiser votre enfant.

- **Faites en sorte de conserver des moments d'échange,** de partage, de tendresse.
- **Vérifiez que vous-même,** au plus profond de vous, **vous souhaitez le voir grandir** et accepter qu'il puisse se passer de vos soins.

• **Motivez votre enfant** en mettant l'accent sur toutes ces choses formidables que l'on peut faire quand on est grand : de la trottinette, des gâteaux avec Papa, du toboggan géant, etc. N'essayez pas de lui « vendre » la maturité. Tâchez de faire preuve d'honnêteté et d'enthousiasme sans en faire des tonnes – il sentirait que vous exagérez et aurait du mal à vous croire.

FAIRE PLAISIR AUX PARENTS ? BOF...

Mauvaise nouvelle. La période d'apprentissage de la propreté coïncide avec la période où Pitchoun s'affirme et vous dit « non » – pour un oui ou pour un non, d'ailleurs. Entre 16 mois et 2-3 ans, l'enfant entre en phase dite « d'opposition », dixit les psys. Jusque-là, il obtempérait peu ou prou à ce que vous, son parent, lui disiez de faire. Et voilà qu'aujourd'hui il refuse tout.

Quoi de plus normal, dès lors, que votre enfant s'oppose aussi à l'aventure du pot ? Le hic, c'est que vous ne pouvez pas forcément attendre que cette phase d'opposition s'apaise pour vous atteler à la tâche. Vous allez donc devoir ruser :

• **Choisissez une période propice** pour débuter l'apprentissage (pas en plein déménagement, par exemple, ou juste avant l'arrivée d'un cadet).

• **Apprenez à repérer les moments de la journée** où votre enfant est plus calme, plus coopératif, car non, il ne dit pas « non » toute la journée, même si vous en avez la nette impression !

• **Surtout, faites-lui comprendre** que vous lui proposez de devenir propre pour *lui*, son confort, son développement ; et non pour *vous*, votre emploi du temps ou votre fierté personnelle ;

LE SAVIEZ-VOUS ?

Pourquoi dit-il « non » sur tous les tons ?

Quelle mystérieuse période que celle du « non » ! Pourquoi diable l'enfant oppose-t-il refus sur refus ? Et va jusqu'à rejeter ce qu'il aime, comme le yaourt à la vanille et la sortie au square ?

Petit mémo « psycho »

Comprenez que ce « non » est une façon saine et parfaitement normale de s'affirmer. Votre enfant utilise ce petit mot aux mille pouvoirs pour vous faire passer un message subliminal : « C'est moi qui décide pour moi. » Et quand bien même il finit par accepter votre proposition [le yaourt à la vanille ou la sortie au square], son « non » lui aura permis de remettre les pendules à l'heure : ce n'est pas parce qu'il est contraint de manger ou de sortir mais parce qu'il le veut bien. Et toc !

Conseils

C'est à vous de fixer des limites en fonction de vos valeurs et de votre personnalité, en cherchant la cohérence. Un conseil toutefois : limitez les conflits aux choses importantes et tenez bon sur ce qui vous tient vraiment à cœur. Souvenez-vous aussi que cette phase ne dure pas éternellement. Vous aurez bientôt un moment de répit… jusqu'à l'adolescence !

et encore moins pour *les autres*, votre mère, l'école ou son petit copain qui est déjà propre. Valorisez ce que *lui* a à gagner en apprenant à être propre.

SE SÉPARER D'UN PETIT BOUT DE SOI ? BOF...

Voyez comme les enfants de cet âge sont extrêmement jaloux de tout ce qui leur appartient : leurs jouets, leurs vêtements, leurs livres. Sans vergogne, ils peuvent affirmer « C'est MA maman » ou encore « C'est MON toboggan » et sont rarement prêts à prêter leur trésor. Ce qu'ils possèdent est une sorte d'extension d'eux-mêmes. Et si l'objet convoité vient à disparaître ou lui est brutalement ôté, le sentiment terrible de dépossession surgit dans leur petit cœur meurtri.

Or quoi de plus personnel que ce qui se trouve à l'intérieur même de leur corps ? Certains bambins s'angoissent à l'idée de se séparer de ce qui est, fondamentalement, un petit bout d'eux-mêmes. La disparition brutale de ce qu'ils viennent d'expulser de leur ventre signifie qu'un morceau de ce ventre, justement, disparaît.

L'enfant se représente son corps un peu comme un puzzle. Si une pièce venait à manquer, qu'adviendrait-il de l'ensemble ? Porter une couche au contraire, c'est conserver la pièce et donc rester entier. Vous comprenez maintenant pourquoi Pitchoun n'est pas vraiment pressé d'aller sur le pot. Bientôt, il vous « offrira » ce petit bout de lui, cette pièce, comme un cadeau. Mais pour l'heure, il a peut-être peur de disparaître un peu.

Pour apaiser cette sourde angoisse, soyez empathique et rassurant :

- **Dites-lui que faire ses besoins est un acte normal** et même nécessaire pour tous les êtres humains. Prenez appui sur des livres pour illustrer vos propos (voir Bibliographie p. 92).
- **Expliquez-lui, avec des mots simples et adaptés à son âge**, le fonctionnement de l'organisme : il s'alimente, il élimine, mais ce ne sont pas ses organes qui s'en vont. Faites un croquis si votre enfant est un visuel et écoutez ses réflexions, ses interrogations.
- **Si vous sentez chez lui une réticence** envisagez dès le départ un apprentissage en douceur. Chaque enfant avance à son propre rythme. Si le vôtre est très sensible, s'il est inquiet, vous gagnerez à vous adapter à sa fragilité plutôt qu'à le bousculer « pour son bien ». Il n'est pas question ici de « perdre » du temps mais bien de prendre le temps qui est nécessaire à votre enfant pour intégrer cette grande nouveauté.

En pratique : il était une fois une banane…

Vous pouvez faire appel à une métaphore pour expliquer à Pitchoun le fonctionnement de son corps : « À la maison, nous mangeons ce dont nous avons besoin et jetons à la poubelle ce dont nous n'avons pas besoin, comme la peau d'une banane, par exemple. Puis, le camion poubelle vient chercher la poubelle. Ton petit bidon, c'est comme la maison. Il prend ce dont il a besoin, les vitamines de la banane par exemple, et il met dans le caca ce dont il n'a pas besoin. Le pot, c'est l'endroit où l'on va déposer cette drôle de poubelle quand on en a envie, quand elle est pleine. Ensuite, la chasse d'eau des toilettes fait comme le camion poubelle. »

PRENDRE LE POUVOIR ? CHOUETTE !

Nous venons d'évoquer trois des inconvénients qui pourraient inconsciemment freiner le bon développement de votre enfant et contrarier son apprentissage de la propreté (devenir grand, faire plaisir aux parents, se séparer d'un petit bout de soi : bof, bof, trois fois bof !). À moins que... À moins qu'il ne perçoive aussi dans toute cette affaire un drôle d'avantage, un avantage que vous n'auriez pas soupçonné : le pouvoir.

Une petite explication vous permettra de mieux comprendre. L'acquisition du contrôle des sphincters a cette particularité de permettre à l'enfant de décider par lui-même de la rétention ou de l'expulsion des selles et de l'urine. Il maîtrise son corps, en devient le « chef », obtient un certain pouvoir.

En revanche, il perd un autre pouvoir, celui de faire ses besoins librement, où bon lui semble. Et c'est là que peuvent apparaître de véritables conflits qui reposent sur un chantage affectif. En langage clair, vous pourriez être un jour confronté aux propos suivants, un brin exagérés dans un souci de compréhension : « Si tu ne m'achètes pas ce ballon, je fais pipi dans le magasin. »

L'acquisition de la propreté ne doit pas se transformer en lutte entre les parents et l'enfant dans un rapport dominants-dominé. Que l'expulsion soit envisagée comme un signe de soumission par l'enfant, et la rétention comme un signe d'opposition, est une très mauvaise idée. Faire ses besoins correspondrait alors à récompenser le parent et se retenir serait la manifestation d'un mécontentement ou d'une colère. Il ne convient pas de permettre à Pitchoun de percevoir cette fonction normale et humaine comme une sorte de pouvoir, consistant à donner ou à ne pas donner. À la lecture de ces lignes, vous pourriez avoir froid dans le dos. Que la propreté devienne un enjeu pour le pouvoir à la maison ne vous serait pas venu à l'idée ! Cela dit, mieux vaut faire preuve de vigilance quant à certains de vos comportements, plus ou moins conscients, qui pourraient, à votre insu, instaurer ce rapport de force :

- **Ne considérez pas l'acquisition de la propreté comme un combat** entre votre enfant et vous. Il part seul à la conquête de la victoire, une victoire sur lui-même. Vous êtes l'arrière-garde et vous le secondez. Visualisez concrètement cette image pour rester dans le droit chemin.
- **N'envisagez pas d'autre récompense à être propre que celle... d'être propre.** Autrement dit, ne lui promettez pas l'achat du jouet dont il rêve, ne lui donnez pas de bonbon quand il va sur le pot, etc. Et, bien sûr, à l'inverse, ne le grondez pas, ne le punissez pas s'il s'y refuse.
- **Soyez attentif aux mots que vous employez.** Ne lui dites pas : « Va sur le pot pour me faire plaisir » par exemple. Évitez aussi de supplier : « S'il te plaît, sois gentil... » Il ne doit pas apprendre la propreté pour vous faire plaisir et celle-ci n'a rien à voir avec le fait d'être « gentil ». Enfin, parlez-lui simplement et, dans le domaine de la propreté comme dans tous les domaines, ne conditionnez jamais votre amour à ses compétences. Encore moins à ses « productions ».

LE SAVIEZ-VOUS ?

Le sentiment de toute-puissance infantile

L'enfant n'est pas un tyran en puissance ! Il ne vous veut aucun mal et ne le fait pas « exprès » quand, en effet, il vous fait tourner en bourrique. Il suit simplement le cours de son développement. Entre 18 et 36 mois, l'enfant est mû par un principe dit « de plaisir ». Dans un sentiment de toute-puissance, il croit que son pouvoir est sans limites. Il est le maître du monde et le moindre de ses désirs peut et doit être satisfait. Pitchoun n'a aucun contrôle sur ce sentiment d'omnipotence, sur ce fantasme qui reste d'ailleurs pour lui structurant. Il va apprendre peu à peu, à force d'expériences et de rencontres avec la réalité, que les limites existent. Les siennes (physiques, par exemple), celles de son entourage (la patience de ses parents, la tolérance de la maîtresse) et celles de son environnement (le temps, l'espace, la matière). Au fur et à mesure, il va apprendre à vivre selon un principe dit « de réalité ». D'où, d'ailleurs, l'impérieuse nécessité, pour les parents et les « éducateurs » au sens plus large, de poser des cadres rigoureux et cohérents et de ne pas y déroger. Mais tout cela prend bien sûr un peu de temps.

Le bon moment

Rien ne sert de courir, il faut partir à point. La réussite de l'opération commando « pot » est une question de timing. Il vous faut donc choisir le bon moment. Mais quel est-il ? Suffit-il, comme disaient nos grands-mères, que l'enfant monte et descende les escaliers ? Euh... entre autres. Mais pas que !

SON MOMENT, PAS LE VÔTRE

La propreté est l'aboutissement d'un long apprentissage. Il s'agit d'un cheminement, nullement d'un dressage à l'ancienne qui voudrait être le faire-valoir d'une quelconque précocité. Ou qui doit être entrepris ici et maintenant, parce que ça coïncide parfaitement avec vos quatre jours de RTT.

Évidemment, il est toujours valorisant de constater que son enfant est en avance. De nos jours, la pression sociale est forte, et marcher tôt, parler correctement ou encore être propre à 1 an et demi semblent être des gages d'intelligence. Alors que ça n'a rien à voir !

Ne vous dites pas non plus qu'il faut qu'il devienne propre l'été prochain parce que vous aurez ainsi davantage de temps à lui consacrer, et que vous

n'avez pas le choix puisqu'il est né en février. L'acquisition de la propreté peut parfaitement se faire en hiver. Certes, les superpositions de vêtements rendent l'opération un peu plus contraignante mais ne vous tourmentez pas, cela marche très bien.

Surtout, ne forcez ni l'enfant, ni le destin ! L'effet serait contraire à celui escompté. Vous devez être au plus près de la motivation et de la maturité de votre enfant. Soyez attentif et évaluez la réceptivité de Pitchoun pour définir le « bon » moment, « bon » simplement parce que bon pour *lui*.

Ce qui revient à dire que s'il manifeste l'envie d'enfiler une culotte et s'intéresse beaucoup à cette histoire de pot

En pratique : gare au prolongement narcissique !

Bien que l'on s'en défende, l'enfant est toujours un peu le prolongement narcissique de son parent. Et il est bien normal, après tout, de vouloir pour Pitchoun le meilleur. Mais point trop n'en faut. Lorsque les parents font des projets pour leur petit d'homme, parfois même avant sa conception, construits sur leurs propres désirs non réalisés, conscients ou non, ou irréalisables par ou pour eux-mêmes, l'enfant est davantage perçu comme un objet que comme une personne, avec sa singularité propre. Et il peut en résulter une carence affective. Soyez toujours vigilant quant à vos souhaits pour lui. Interrogez-vous sur leur sens. Pourquoi tenez-vous tant à ce qu'il soit riche ou qu'il joue du piano ? Pourquoi voulez-vous qu'il soit propre avant tout le monde ?

avant ses 18 mois, corrigez de vous-même le paragraphe qui suit ! En règle générale, mieux vaut toujours suivre l'instinct tout à fait fiable de votre enfant que les conseils de la voisine ou ceux des forums d'Internet.

ATTENDRE SES 18 MOIS

Pour être propre, l'enfant doit être prêt. En général, il l'est autour de l'âge de 18 mois. Sur le papier, du moins... Bien souvent, il lui faudra encore de longs mois pour être tout à fait disposé à faire ses besoins régulièrement sur le pot. Rappelons que la plupart des enfants occidentaux commencent l'opération vers l'âge de 24 mois.

Votre voisine prétend que son petit dernier était propre dès l'âge de 1 an ? Ne la croyez pas ! Cette propreté est très certainement le fruit du hasard. À moins que votre voisine n'ait contraint son bambin à s'asseoir sur le pot 15 fois par jour, pour d'interminables séances, ce qui est absolument et formellement déconseillé de nos jours.

Ne songez donc pas à débuter une quelconque initiation avant l'âge de 18 mois – sauf en cas de surmotivation de Pitchoun, comme dit plus haut. Vous ne feriez que le décourager, lui qui a tant besoin de confiance en ce moment, besoin de constater par lui-même qu'il réussit à faire comme les grands. Pour que ladite initiation soit un succès, plusieurs conditions sont requises :

- **Une maturité neuromusculaire.** La maturation du système nerveux de votre enfant doit lui permettre de contrôler ses sphincters. Il est capable de les contracter et de les détendre ; il se peut même que cela l'amuse !

• **Une maturité psychoaffective.** L'apprentissage de la propreté est un passage vers une plus grande autonomie. Sans véritable désir de l'enfant de franchir ce cap, vous courez à l'échec. Il *doit* avoir envie de devenir grand. C'est même la première acquisition qu'il va « décider » de faire. En effet, même s'il contrôle déjà ses sphincters, s'il ne souhaite pas passer cette étape pour le moment, rien n'y fera. Gardez à l'esprit que votre enfant est plutôt partagé. Bien sûr, il a envie de faire comme les grands, il aime la sensation de parvenir à contrôler son corps et il adore vous faire plaisir et recevoir de vous ces félicitations si valorisantes pour lui. Mais malgré tous ces points positifs, il voudrait bien rester votre tout-petit chéri et pourrait même redouter un peu le fait de devoir un jour aller à l'école... Alors un peu de bienveillance et d'empathie, s'il vous plaît !

LES SIGNES QUI NE TROMPENT PAS

Vous vous posez encore quelques questions ? Pitchoun est-il vraiment prêt ? Pour vérifier si c'est le moment de passer aux choses sérieuses, faites le test qui suit. Répondez par « oui » ou par « non » aux affirmations suivantes :

• **Votre enfant marche depuis longtemps maintenant** – il court même ! C'est le signe que ses capacités motrices sont optimales pour la propreté.

• **Il sait dire les deux mots « pipi » et « caca ».** Être capable de nommer ce qu'il expulse de son petit bidon lui permet de comprendre ce qui se passe et d'intégrer la fonction du pot d'abord, puis des toilettes.

• **Il sait exprimer certaines de ses sensations** comme la faim, la soif, lorsqu'il a chaud, froid, etc. Ce qui prouve qu'il est à l'écoute de son corps et sait décrypter les messages physiologiques que celui-ci lui envoie.

- **Il sait monter et descendre les escaliers.** Ce vieil adage est-il vrai ? Eh bien, en partie. Si l'acquisition de la propreté n'a rien à voir avec les performances sportives de votre enfant, le fait qu'il maîtrise la coordination de son corps pour franchir un escalier est le signe

LE SAVIEZ-VOUS ?

La propreté au temps de nos grands-mères

Rappelons d'abord qu'au début du XXe siècle, ce qui n'est pas si lointain, il n'y avait pas, à proprement parler, d'apprentissage de la propreté. C'était le temps du « laisser faire » et advienne que pourra ! Puis, ce laxisme – ou cette indulgence – a été remplacé par une démarche rigide, dès les années 1920 et jusque dans les années 1950. La méthode, qui relevait d'un conditionnement autoritaire, consistait à installer l'enfant sur le pot, extrêmement régulièrement, dès avant la fin de la première année. Cette éducation, de l'ordre du dressage, a ensuite été rejetée en faveur d'une démarche axée sur l'enfant, prônée notamment par les pédiatres américains Benjamin Spock et Thomas Berry Brazelton. C'est cette méthode, douce et efficace, et surtout adaptée aux besoins de l'enfant et respectueuse de sa personne, que nous préconisons et présentons dans cet ouvrage.

qu'il est prêt. Il pousse sur ses jambes pour monter les marches et sait parfaitement les retenir pour les descendre. Cela vous rappelle-t-il quelque chose ?

- **Il a conscience de salir ses couches** – mieux, il demande à être changé !
- **Il est capable de rester au sec** plusieurs heures d'affilée.
- **Votre relation affective est au beau fixe.** Il n'est pas [trop] dans une période d'opposition et sait [un peu] canaliser son sentiment de toute-puissance. Si en ce moment il s'affirme et vous oppose un refus à toute sollicitation, pour simplement mieux construire sa personnalité, mieux vaut remettre l'éducation à la propreté à plus tard. Laissez passer le vent de la révolte.
- **Nul grand bouleversement ne le fragilise en ce moment.** La naissance d'un cadet ou plus simplement un changement de nounou, un déménagement, pourraient compromettre l'apprentissage. L'enfant a besoin d'être solide pour passer le cap, besoin d'équilibre et donc besoin que son environnement soit serein, stable et fiable.

SON MOMENT… ET UN PEU LE VÔTRE AUSSI !

Ce qui nous amène à vous, bien entendu. Vous devez être zen car toute l'opération va vous demander un peu de temps et beaucoup d'écoute. Or l'acquisition de la propreté peut cristalliser les peurs parentales. Et vous de cogiter en rond : « Je ne vais pas y arriver », « Ça ne va pas marcher », « Je n'ai pas le temps ». Ajoutez à cela la « deadline » de l'école et vous aurez la nette impression d'être au bureau un vendredi soir, avec un rapport compliqué à écrire pour lundi mais pas la moindre idée de par où commencer…

Donc, cher parent, vérifiez que vous êtes au top de votre forme et que le contexte est aussi favorable pour vous que pour Pitchoun. Après sa check-list, voici la vôtre :

- **Vous avez du temps devant vous** – week-end prolongé, vacances, période calme au bureau...
- **Vous avez sincèrement envie d'accompagner votre enfant** et de vous investir pour qu'il passe le cap. En langage psy, vous avez fait le deuil de la relation fusionnelle que vous entreteniez jusque-là avec Pitchoun.
- **Votre conjoint est partie prenante.** Autrement dit, il est d'accord pour vous donner un coup de main.
- **Vous êtes émotionnellement prêt** à affronter les multiples accidents qui ne vont pas manquer de se produire.
- **Vous avez suffisamment de linge de rechange propre** pour pouvoir rhabiller votre enfant de pied en cap si nécessaire.

Vous avez répondu « oui » à toutes ces affirmations ? Nous avons une bonne nouvelle pour vous. C'est parti pour la grande aventure du pot !

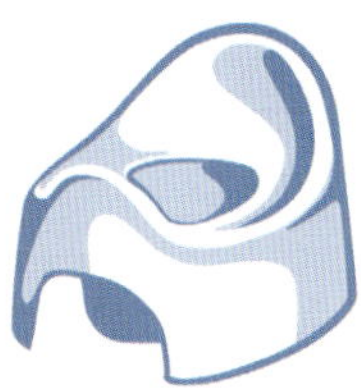

En route vers la propreté

Et si vous mettiez toutes les chances de votre côté – ou plutôt du côté de Pitchoun ? Préparer le terrain en amont, et en douceur, vous permettra de ne prendre personne au dépourvu. Quelques semaines avant le grand jour, on relève ses manches et on se motive.

IMPLIQUER LES ÉDUCATEURS

Si vous ne travaillez pas à l'extérieur et vous occupez de Pitchoun à la maison, passez ce paragraphe. Mais si vous travaillez et êtes donc moins disponible que vous ne le souhaiteriez, n'oubliez pas : vous n'êtes pas seul investi de la mission sacrée. Il va donc falloir informer la nounou, Mamie, l'assistante maternelle et/ou la puéricultrice de vos plans pour les semaines à venir.

Ne négligez pas ce point : il est en effet essentiel que tous les adultes impliqués dans l'éducation de votre enfant adoptent une attitude commune et parlent d'une seule voix. L'idée, ici, est

En pratique : des jeux pour appréhender la propreté

Ce n'est pas un scoop, l'enfant apprend toujours mieux en jouant. Or il existe des activités ludiques pour l'aider à cheminer vers la propreté :

Les personnages. Ils permettent de lui expliquer les subtilités du processus. Utilisez sa poupée ou son doudou comme porte-parole pour l'encourager dans sa conquête de la propreté.

Les jeux d'eau. Transvaser du liquide d'un récipient à un autre, les enfants adorent. Et c'est particulièrement explicite en ce qui concerne la question qui nous soucie en ce moment.

Les jeux interactifs. Ils permettent à l'enfant d'interagir avec son environnement : en poussant un bouton, il actionne une commande. Il en existe beaucoup dans le commerce. Vous pouvez aussi faire la démonstration du lien de cause à effet avec l'interrupteur d'une lampe, par exemple. Car c'est ce lien de causalité qui est en jeu dans la propreté : il ressent un malaise dans son ventre, c'est donc qu'il a besoin d'aller faire pipi.

Le dessin. Ébauchez un petit bonhomme avec un gros bidon, qui mange des frites, des pâtes, des gâteaux, puis va aux toilettes. Le dessin permet d'expliquer très simplement le mécanisme d'élimination.

La pâte à modeler. Certains enfant sont tentés de jouer avec le contenu de leur pot (voir p. 76). Pour éviter que Pitchoun ne mette les mains dedans mais satisfasse son envie d'explorer la matière, proposez-lui une séance de pâte à modeler. Vous n'êtes nullement tenu de la choisir couleur chocolat !

d'opter pour la cohérence et la continuité dans les différents milieux de vie de Pitchoun. S'il peut porter des couches à la crèche mais est tenu d'être en culotte à la maison, il risque d'y perdre son latin. Et son entrain.

Chacun a sa façon de faire et son idée sur la question de la propreté. Ne vous braquez pas si l'éducatrice de votre enfant n'adopte pas tout à fait votre point de vue. Au contraire, profitez-en pour être à l'écoute et échanger. Les nounous et les auxiliaires de puériculture sont des professionnelles qui ont l'habitude de l'étape qui vous préoccupe. Elles pourraient même vous donner de judicieux conseils.

Surtout, elles connaissent bien la personnalité et les particularités de Pitchoun, et sont certainement capables de vous dire ce qui, selon elles, marche avec lui. Cerise sur le gâteau, elles sont moins impliquées affectivement et sont libérées de la pression éducative : faites-en donc des alliées et ne les mettez pas devant le fait accompli, à l'improviste, entre deux portes.

Il est toujours préférable de démarrer le processus à la maison, en profitant des vacances ou d'un long week-end. Mais assurez-vous que Mamie ou la nounou sera prête à prendre le relais dès le lundi suivant. Elle sera, durant les prochaines semaines, la première observatrice du cheminement de votre enfant, et vous devez pouvoir compter sur son entière collaboration.

L'AIDER À APPRIVOISER SON CORPS

Avant de passer aux choses sérieuses, vous pouvez aider votre enfant à comprendre ce qui se passe dans son corps. Pour aller sur le pot, il lui faudra être à l'écoute de ses sensations corporelles, ces signaux d'alarme qui l'informent que « c'est le moment ». Il serait pertinent qu'il soit en mesure de faire le lien entre la contraction de ses sphincters, suivie du relâchement, et la sensation de chaleur et d'humidité qui s'ensuit, et ce avant même l'initiation proprement dite.

Ainsi, lorsque Pitchoun se trémousse, stoppe net toute activité, prend cet air étrange que vous lui connaissez bien, pose la main sur sa couche, bref lorsque son attitude corporelle est éloquente, n'hésitez pas à verbaliser ce qui se passe : « Oh, oh. Un petit pipi (ou caca) est en chemin... » Inutile, dans un premier temps, de courir chercher le pot. Ne lui demandez pas non plus s'il a « envie » d'aller aux toilettes, car il y a fort à parier qu'il ne sait pas bien ce que l'envie suppose. L'idée est simplement d'associer ses sensations corporelles aux termes « pipi » et « caca ». L'enfant prend progressivement conscience qu'elles ont pour résultat un liquide et/ou des excréments.

SUSCITER SON INTÉRÊT

L'apprentissage de la propreté va exiger de votre enfant quelques efforts. Ce ne sera pas une mince affaire. Alors, mieux vaut qu'il soit enthousiaste et motivé plutôt que contraint et forcé. Rappelez-vous : le succès de l'opération repose sur le désir de Pitchoun qui, renforcé par une bonne dose de confiance, lui permettra de maîtriser la machine et le processus. Voici quelques idées et astuces pour susciter cette envie et favoriser le déclic :

- **Passer aux couches « pull-up ».** Certains enfants ne sont pas très emballés par l'idée de la propreté, simplement parce qu'ils adorent se faire dorloter sur une table à langer. Comme ils aimeraient bien les prolonger, ces gestes de maternage ! Progressivement, tâchez d'écourter ces moments. Et puis, proposez à Pitchoun d'arborer désormais ces couches pour les grands qui s'enfilent debout comme des culottes. Une façon de s'éloigner en douceur de l'idée « je suis changé = je suis câliné ».

- **L'encourager à s'habiller et à se déshabiller tout seul.** L'objectif est de favoriser l'action autonome. Bientôt, il devra être capable d'aller tout seul faire pipi et sera fier de ne pas avoir besoin de vous. Pour l'inciter à se débrouiller avec ses chaussettes et son jean, proposez à Pitchoun de choisir lui-même ses vêtements, le week-end, par exemple. C'est un bon moyen de lui prouver par a + b qu'il y a bien des avantages à être un grand.
- **Lui offrir de belles culottes.** L'enfant n'est pas une jeune pousse qui se ficherait pas mal de demeurer dans l'humidité toute la sainte journée. Il est très probable que le plaisir d'être bien au sec soit déjà en soi une grande source de mobilisation. N'hésitez pas, d'ailleurs, à l'affirmer haut et fort devant lui. Mais ne vous contentez pas de ce plaisir-là : associez-le à de jolis sous-vêtements. Parce que c'est tout de même chouette d'avoir Hello Kitty ou Spider-Man sur les fesses, non ? Emmenez donc Pitchoun faire un tour au supermarché. Et admirez ses yeux envieux au rayon des culottes...
- **Lui offrir un joli livre.** La littérature, en matière de propreté, présente un double avantage. D'abord, feuilleter un album permet de mettre des mots et des images sur l'exercice. Cela rassure l'enfant et dédramatise l'opération : tout le monde devient propre, T'choupi

et Petit Ours Brun compris. Ensuite, la petite histoire peut permettre à Pitchoun d'exprimer ses doutes, ses interrogations, ses inquiétudes. Il est toujours plus facile d'affirmer que Petit Ours Brun a peur des toilettes plutôt que d'avouer sa propre crainte de s'asseoir sur cette immense cuvette. Vous trouverez à la fin de cet ouvrage une bibliographie rien que pour lui.

• **Prévenir votre enfant.** Inutile de lui parler de la propreté six mois avant de vous lancer dans l'aventure : à son âge, la notion du temps n'est pas du tout acquise. Inutile aussi de prendre votre air le plus sérieux et/ou mélodramatique. Expliquez simplement que lorsque vous serez en vacances chez Mamie, par exemple, vous lui apprendrez à être tout propre. Sans doute ne comprendra-t-il pas toutes les subtilités de l'exercice. Mais évoquer ce futur apprentissage permet de ne pas prendre l'enfant au dépourvu. Il a déjà une vague idée de ce qui va se passer chez Mamie. Ce n'est pas la peine d'ajouter que c'est parce qu'il entre à l'école en septembre que vous êtes contraint d'opérer ce changement. Non, non, non. C'est pour *lui*, pour son bien-être, pour son bon développement. Oui, oui, oui.

• **Lui dire tout ce que vous pourrez faire ensemble quand il sera propre.** Attention, il s'agit là d'un exercice délicat, d'un terrain quelque peu glissant ! L'objectif est de motiver l'enfant, pas de conditionner les choses, ni d'en faire une contrainte ou une obligation.

MONTRER L'EXEMPLE

Heureux les parents qui apprennent la propreté à leur petit deuxième, troisième, etc. D'abord, ils savent que l'exer-

En pratique : Dire / Ne pas dire

Ne dites pas :

- « Nous irons à la piscine si tu es propre. »

Le « si » suppose une condition.

Ne dites pas non plus :

- « Il faut que tu sois propre pour aller à la piscine. »

Le « il faut » dit l'obligation.

Mais dites :

- « Quand tu seras propre, nous irons à la piscine. »

Cette formule, qui n'implique ni contrainte de temps, ni exigence de comportement, sonne comme une promesse. Tout bénef !

cice est certes délicat mais tout à fait réalisable. Ils affichent donc une meilleure confiance en l'avenir. Et leurs avantages sur les néophytes ne s'arrêtent pas là. Ils bénéficient de l'aîné pour montrer l'exemple au cadet. Or il n'y a rien de plus éducatif que l'imitation.

Imiter, c'est motiver. Il n'y a qu'à constater les progrès des enfants gardés en collectivité, qui s'enthousiasment entre eux. Si le meilleur copain de Pitchoun va tout seul aux toilettes à la crèche, il y a fort à parier qu'il ne tardera pas à visiter à son tour ce curieux endroit… Et si, en plus, ledit copain arbore le talentueux Spider-Man sur les fesses, alors vous pouvez être sûr que tout est (presque) gagné.

Vous n'avez pas d'aîné sous la main pour motiver le cadet ? Rien ne vous empêche, vous, de montrer l'exemple à votre bambin. Rien sauf peut-être votre pudeur... Mais rassurez-vous : vous voir sur les toilettes ne choquera nullement votre enfant, bien au contraire. S'il constate concrètement que vous faites exactement ce que vous lui proposez de faire, il gagnera en sérénité. Vous lui semblez cohérent, crédible, donc tout à fait fiable.

N'hésitez pas à commenter vos actions pour rendre les choses plus concrètes. Il est important que votre enfant comprenne qu'aller aux toilettes est naturel, simple et facile. Si vous avez du mal avec cette idée, optez pour un livre particulièrement éloquent qui ne se contente pas d'effleurer le sujet mais propose des mots et des images plus explicites. Le but de la manœuvre est de dédramatiser l'opération « pot ».

LE SAVIEZ-VOUS ?

L'imitation

L'enfant apprend et se construit en imitant son entourage. Il copie les sourires, les sons et les comportements de ceux qu'il aime. Cela lui permet de se développer physiologiquement et d'entrer en lien sur un plan psychoaffectif. Il comprend peu à peu le mode d'emploi de ce monde encore relativement obscur pour lui. L'imitation chez l'enfant n'a donc rien à voir avec une singerie ridicule. C'est extrêmement sérieux et nécessaire. Sans modèle, sur qui pourrait-il prendre appui ? Comment pourrait-il comprendre ? En conséquence, quand vous souhaitez transmettre quelque chose, payez de votre personne !

CHOISIR SON POT

Vous êtes fin prêt pour le grand jour et vous pensez que Pitchoun l'est aussi. Implication, motivation. Mais au fait... N'avez-vous pas oublié un élément d'une importance cruciale ? Et le pot alors ? Vous savez, cet objet pratico-pratique qui aura le pouvoir d'éveiller en vous d'étranges émotions (joie, inquiétude, voire énervement) au fil des semaines à venir.

Impliquez votre bambin dès le départ. Car ce pot doit être le sien, son pot à lui, rien qu'à lui. Comme son lit, ses jouets, son doudou... Pourquoi ne pas emmener Pitchoun au magasin pour le choisir ? Du moins, sa couleur... Car il vous faudra tout de même veiller à deux ou trois critères de sélection :

- **L'enfant doit pouvoir s'installer tout seul sur le pot.** L'objectif du jour étant le développement de l'autonomie, le pot doit être accessible à tout moment. Anticipez déjà ce jour béni où votre bambin ira faire pipi sans rien vous dire !
- **L'objet doit être stable, confortable et robuste.** L'enfant doit y être bien installé et la taille du pot adaptée à ses petites fesses. Veillez à l'ergonomie de la chose : celle-ci ne doit pas être facilement renversée et surtout, elle doit éviter tout risque de déséquilibre.

Plusieurs modèles existent :

- Le **pot classique,** en plastique, est composé d'un dossier et d'un vase profond. Simple et pratique, il peut toutefois manquer de souplesse et de confort. Cela dit, puisque l'opération n'est pas censée durer plus de quelques minutes, votre enfant ne risque pas d'en souffrir. La forme classique a l'avantage d'être fonctionnelle et d'aller droit au but : elle définit clairement l'usage de ce récipient.

• La **chaise avec pot intégré** permet une meilleure assise. Elle est aussi plus ludique. Certains fabricants rivalisent d'imagination en intégrant à l'objet toutes sortes de gadgets – musique, lumières... De nombreux spécialistes de l'enfance mettent cependant en garde contre de trop nombreuses distractions qui finissent par éloigner le pot de sa fonction initiale. L'enfant ne sait plus vraiment pourquoi il y va : pour jouer ou pour faire ses besoins ?

• Le **réducteur** se fixe directement sur les toilettes pour réduire la circonférence de la lunette. Très pratique, cette solution peut néanmoins impressionner les plus petits. L'équilibre est assez précaire... Elle implique par ailleurs l'emploi d'un marchepied pour que Pitchoun se hisse tout là-haut. À réserver, donc, aux enfants qui le demandent ou refusent catégoriquement le pot. Et aux plus grands !

Telle est donc la vaste étendue de l'offre. Loin de nous l'idée de vous influencer. Mais soyons pragmatiques : un petit pot en plastique tout simple, de la couleur de son choix, devrait parfaitement faire l'affaire. Multicolore ? D'accord ! Va pour le multicolore...

En pratique : faut-il acheter un pot pour chez soi et un pot pour l'extérieur ?

Bien sûr que non ! Votre enfant n'est pas idiot. Que ce soit à la crèche ou chez sa nounou, il reconnaîtra sans peine un pot, même s'il est différent de celui que vous avez choisi ensemble.

TROUBLE

La méthode douce... et efficace

C'est le jour J. Pitchoun va faire ses premiers pas vers la propreté. Comment amorcer le processus sous les meilleurs auspices ? Que dire au fil des jours ? À quel moment faire des couches un vieux souvenir ? Il existe une méthode particulièrement efficace. Quatre étapes pour une conquête.

ÉTAPE N° 1. APPRIVOISER CET ÉTRANGE OBJET

C'est la première étape de notre méthode tout en douceur et elle dure environ une semaine. Ce laps de temps n'est bien sûr donné qu'à titre indicatif. Vous êtes le mieux placé pour savoir si Pitchoun est prêt pour l'étape suivante. Qu'il ait besoin d'une dizaine de jours ne signifie pas qu'il est dysfonctionnel ou que vous vous y prenez mal. N'oubliez pas que le plus important est de rester à l'écoute, de bien observer les progrès et de s'adapter au rythme de l'enfant.

L'objectif de la semaine consiste à introduire l'idée du pot dans la charmante petite tête de votre enfant. Il faut qu'il apprivoise cet étrange objet non encore identifié et, a fortiori, non encore expérimenté. Raison pour laquelle il convient

En pratique : où mettre le pot ?

Souvent étroites, plus ou moins obscures et éloignées des pièces de vie, les toilettes ne sont pas forcément très accueillantes pour débuter l'apprentissage. Si vous sentez votre enfant mal à l'aise entre ces quatre murs, laissez-le s'installer où il veut. Dans la salle de bains, dans sa chambre ou au milieu du salon, devant une fenêtre, derrière le ficus, à côté de la bibliothèque… l'essentiel est qu'il se sente en sécurité. Ne pensez pas que cela perturbera à jamais l'éducation de votre enfant. Personne n'a jamais vu un adolescent faire ses besoins devant tout le monde ! Un peu de souplesse n'a jamais fait de mal.

de laisser ledit objet à sa disposition pour qu'il y ait facilement accès.

Cette étape est élémentaire. Il s'agit de proposer à l'enfant de s'asseoir sur le pot, avec sa couche, tout habillé. Dites-lui sans insister que, bientôt, c'est ici qu'il fera pipi et caca. S'il salit sa couche à ce moment-là, profitez de cet heureux hasard pour transvaser son contenu dans le pot, mais ne vous lancez pas encore dans de grandes explications. Faites de ces premiers moments des moments de plaisir, de partage. Vous pouvez lire une histoire à Pitchoun, jouer avec lui à « quand je serai grand », etc. Le jeu est la meilleure façon d'apprivoiser le pot. Car quand c'est chouette d'aller quelque part, on y retourne, non ?

Si Pitchoun est totalement réfractaire à l'idée de s'asseoir sur ce truc en plastique, ne l'y forcez pas. N'insistez pas, vous risqueriez de le fâcher avec la propreté avant même d'avoir commencé.

Et d'instaurer dans cet apprentissage un rapport de force. Donc, laissez tomber. Vous le lui proposerez de nouveau un peu plus tard ou le lendemain.

C'est la raison pour laquelle cette étape peut durer une semaine. Sans la coopération de votre enfant, vous n'arriverez à rien. Ne sautez pas cette première marche sous prétexte que Pitchoun ne manifeste aucun intérêt pour ce récipient pourtant multicolore. Attendez. Et, en attendant, redoublez d'ingéniosité pour susciter sa motivation (voir le chapitre précédent).

ÉTAPE N° 2. TENTER L'EXPÉRIENCE

La deuxième étape de cette méthode débute généralement la semaine suivante. Proposez à l'enfant de retirer sa couche et de s'asseoir sur le pot, avec un livre, son doudou ou tout autre jouet qu'il aime. Il peut bien sûr faire pipi s'il en a envie mais ne l'obligez pas encore à faire caca. Ce petit moment doit être aussi ludique et détendu que les précédents, sans aucune contrainte de réussite.

Si, au moment de poser son petit derrière sur le pot, Pitchoun se relève aussitôt, n'insistez pas. Vous lui proposerez d'y retourner de nouveau un peu plus tard dans la journée. Dites-lui simplement : « Peut-être n'as-tu pas envie d'être là pour l'instant. On essaiera tout à l'heure, tu es d'accord ? » A priori, il n'a aucune raison de vous répondre « non ». Il ressent sans doute encore un peu d'appréhension. Montrez-vous compréhensif et accordez-lui un peu de temps. Ce petit report peut suffire à le rassurer.

Si, par miracle, l'opération se révèle fructueuse, félicitez chaleureusement votre enfant : « Je suis fier de toi, c'est un grand jour, tu as tout compris. Et toi, es-tu content ? » Il est toujours judicieux d'inviter Pitchoun à éprouver lui-même de la satisfaction. Le premier petit pipi est souvent le fruit du hasard et cette première victoire ne signe pas la fin de l'apprentissage. Mais marquez le coup et montrez votre satisfaction.

Si, comme c'est très probable, rien ne se passe, ne montrez pas votre déception. Au contraire, soyez tout aussi enthousiaste qu'en cas de réussite fortuite. L'enfant peut en effet s'en vouloir de ne pas être parvenu à vous offrir un petit cadeau. Il faut absolument le rassurer sur son habileté et votre confiance en lui : « Ne t'inquiète pas, tu vas y arriver, c'est certain. » L'étape n° 2 a pour seul objectif de faire accepter à Pitchoun l'idée de s'asseoir sur ce fichu pot, ses petites fesses à l'air. Vous avancez. Doucement mais sûrement.

Bien entendu, il est parfaitement inutile de laisser Pitchoun des heures sur le trône. Les séances ne doivent pas durer plus de cinq minutes (sauf bien sûr si c'est votre enfant qui manifeste l'envie de rester assis sur son pot). Si elles ne mènent nulle part, c'est que le moment n'est pas opportun.

Pendant ces quelques jours, vous répéterez l'opération jusqu'à ce que Pitchoun accepte facilement d'aller sur le pot pour tenter de faire ses besoins. Attendez que l'opération se solde par plusieurs succès avant de passer à la troisième étape.

À ce stade, il porte encore des couches et naturellement, il les salira. N'hésitez pas à en jeter le contenu dans le pot pour réaffirmer la fonction et l'utilité de ce récipient auquel, peu à peu, votre enfant s'habitue. Le lien s'établit en douceur, la connexion se poursuit. Vous pouvez également y mettre la couche entière mouillée : « Et voilà, le pipi est dans le pot ! »

ÉTAPE N° 3. INSTAURER DES HABITUDES

Pitchoun a maintenant compris à quoi servait ce récipient, objet de toutes les préoccupations du moment. Il intègre progressivement l'intérêt d'apprendre à être propre, en même temps qu'il parfait le contrôle de sa vessie et de ses intestins. Les sphincters fonctionnent à plein régime !

À l'étape n° 3, conduisez-le sur le pot plusieurs fois par jour et invitez-le à faire ses besoins, sans l'y obliger bien sûr mais en l'encourageant davantage que la semaine précédente. Vous êtes convaincu, nullement autoritaire. Restez auprès de lui pendant ces cinq minutes de concentration. Félicitez Pitchoun à chaque réussite et encouragez-le après chaque déconvenue. Puis, remettez-lui sa couche.

Choisissez des mom

vous connaissez son

tion. Sinon, procédez de façon

matique à des heures établies tout au long de la journée : au réveil, après les repas et les collations, avant la sieste et le coucher. Cela permet d'établir une routine, d'instaurer des habitudes.

Pendant cette période, vous devrez faire preuve d'une attention accrue, et tenir compte de la personnalité de votre enfant. De son rythme d'élimination, nous l'avons dit, mais aussi :

- **De son tempérament.** Les progrès de Pitchoun dépendent beaucoup de sa maturité et de sa faculté d'apprentissage. Si, par exemple, il est plutôt timide, peu sûr de lui, vous devrez davantage le soutenir et l'encourager que s'il se montre assuré et hardi.
- **De ses humeurs.** À quels moments de la journée est-il le plus coopératif, le plus disposé à vous écouter, le mieux à

ıême de s'atteler à un apprentissage ? Ne tentez pas de l'installer sur le pot s'il est en pleine crise ou en flagrant délit de caprice. Et ce, même si c'est l'heure puisqu'il vient de terminer son repas. Ne faites jamais de la propreté un rapport de force.

- **De ses capacités de concentration et de patience.** S'il ne tient pas en place, prévoyez toujours de quoi occuper Pitchoun pour ces cinq minutes cruciales. Il ne s'agit pas de détourner son attention de l'objectif mais simplement de le faire se tenir tranquille.
- **De son éventuelle frustration.** Tout apprentissage est long et fastidieux. Pitchoun ne parvient pas toujours à ses fins, ce qui peut le renvoyer à un sentiment d'échec et de frustration dont il faut tenir compte pour qu'il ne se décourage pas. Conservez votre bienveillance et votre enthousiasme même après plusieurs semaines.

Après plusieurs jours de routine, disons une semaine, Pitchoun est prêt pour la suite des réjouissances. Chouette !

ÉTAPE N° 4. DIRE ADIEU AUX COUCHES

Cette ultime étape exige du tact. C'est l'adieu aux couches. Seulement, il va falloir l'aider à faire son deuil ou presque... Car aux yeux de l'enfant, les couches sont si pratiques, rassurantes, confortables... Pitchoun craint peut-être, sans oser vous l'avouer, de ne pas pouvoir se retenir en cas de petit pipi en chemin. Il n'est pas encore très sûr de lui. Et éprouve un peu de stress qu'il convient de canaliser. Donc, allez-y doucement. Quoique sûrement.

Le pot, à ce moment-là de l'apprentissage, devrait avoir trouvé le chemin des toilettes s'il était jusqu'à présent dans le salon à côté du ficus. Cela dit, il doit être placé dans un endroit stratégique pour que l'enfant puisse y aller rapidement en cas d'envie pressante. Si vous sentez Pitchoun très à l'aise et à l'écoute de son corps, vous pouvez le laisser aux commandes. Il décide seul s'il a besoin d'aller faire pipi ou non. Cependant, à cette étape, suggérez-lui régulièrement d'aller sur le pot. Car pris dans la frénésie d'un jeu, il pourrait ne plus y penser.

La couche reste bien sûr de mise pour la sieste et la nuit. Mais l'objectif est de s'en passer progressivement. Le principe est de l'enlever pendant de courtes périodes. On lui dit au revoir quelques heures le matin, puis après la sieste, entre le bain et le dîner, etc. L'idéal est d'attendre que Pitchoun ait fait ses besoins pour lui mettre cette fameuse petite culotte qu'il a choisie avec tant de soin.

Ne peut-on pas attendre qu'il soit tout à fait propre pour enlever les couches ? Faut-il vraiment passer aux culottes dès maintenant ? Oui, cela fait partie de l'apprentissage. En portant Hello Kitty ou Spider-Man sur les fesses, votre enfant comprendra plus rapidement combien il est agréable de rester au sec. Il sentira aussi sûrement plus vite qu'il est mouillé s'il porte une culotte en coton et non une couche ultra-absorbante. Et puis, si finalement il reste en couche, à quoi servirait-il qu'il se décarcasse ?

Néanmoins, qu'il porte ces méga-super-sous-vêtements ne veut pas dire qu'il est définitivement propre. Grâce à cette méthode, douce et adaptée à la psychologie de l'enfant, celui-ci peut apprendre à contrôler sa vessie et ses intestins en quelques semaines. Vous êtes arrivé à la moitié du parcours. Car pendant encore quelques semaines, vous allez devoir consolider l'apprentissage. Donc, poursuivre les opérations.

Les semaines de consolidation

Il est important de poursuivre l'effort ! D'encourager les progrès et de valoriser l'enfant dans ses tentatives pour devenir propre, même si elles se révèlent encore un brin chaotiques. Que dire quand c'est un franc succès ? Que faire quand la machine s'enraye ?

ÇA MARCHE COMME SUR DES ROULETTES

Vous venez d'enlever les couches de Pitchoun et l'opération propreté remporte un franc succès. Sous ses yeux ébahis – et très certainement les vôtres –, il découvre que le contenant contient rapidement et régulièrement un contenu. Comment devez-vous réagir ? Sauter de joie ou trouver cela normal ? Eh bien... un peu des deux ! Si évidemment il est important de saluer ce succès, il n'est pas utile de crier au miracle. Tout est dans l'équilibre, une juste mesure, une réaction adaptée à l'événement.
Le mieux est de miser sur le sentiment de fierté personnelle de l'enfant. Qu'il soit parvenu à être propre représente

en soi une récompense. Il est fier de lui et il y a de quoi. Il peut avoir confiance dans ses capacités. Autre avantage : il vous voit absolument ravi, ce qui le conforte dans sa construction narcissique. Votre enfant est content de vous offrir ces extensions de sa personne, un peu de lui-même. Nous l'avons dit, ces petits pipis sont un cadeau.

Il n'est donc pas opportun d'en faire trop et de le féliciter de façon exagérée. S'il est important, et même fondamental, de valoriser l'enfant et de reconnaître ses efforts, il n'est pas pertinent de flatter son ego. C'est pourquoi, en règle générale, il n'est pas judicieux de s'intéresser de trop près aux productions de Pitchoun. Ce n'est pas tant le but qui compte que l'intention de se lancer dans l'aventure. Trop d'éloges et surtout une attention fixée sur le contenu – ou sur son absence – peuvent placer l'apprentissage sous le signe du chantage. « Si tu parviens à faire pipi, tu es beau, grand, fort et intelligent. » Ce qui revient à immiscer un doute chez l'enfant : « Et si je n'arrive à rien, tu ne m'aimes plus ? » Il pourrait en effet sentir que l'amour que vous lui portez est conditionné à sa capacité. Ce qui n'est absolument pas judicieux. Laissez donc de côté les productions et concentrez-vous sur le cœur que met l'enfant à l'ouvrage.

Par ailleurs, cela pourrait devenir tentant pour Pitchoun d'utiliser cette histoire de propreté pour vous en faire voir de toutes les couleurs. Maintenant qu'il maîtrise la machine, lesdites productions pourraient devenir une monnaie d'échange. Pourquoi ne ferait-il pas pipi par terre en cas de mécontentement notoire ? Et pourquoi ne ferait-il absolument rien au moment même où il faut partir à l'école, là, maintenant, tout de suite ?

LE SAVIEZ-VOUS ?

Faut-il le récompenser ?

De préférence, non : les méthodes de renforcement positif n'encouragent que la réussite ultime en laissant de côté les progrès quotidiens et l'implication de l'enfant, qui sont pourtant autant de petites victoires. En principe, l'enfant est déjà récompensé de constater que ses efforts portent leurs fruits, et il est heureux de vous faire plaisir. L'encouragement et le soutien représentent les techniques de renforcement les plus pertinentes. Néanmoins, les tableaux de réussite peuvent être envisagés lorsque l'enfant manque de motivation et que la rentrée scolaire avance à grands pas (voir p. 72 et suivantes).

Cela dit, ne pas en faire trop ne signifie pas qu'il vous faut hausser les épaules et vaquer à vos occupations. Sa réussite doit tout de même être prise en considération. Sinon, à quoi sert qu'il fournisse tous ces efforts ? N'hésitez pas à formuler simplement votre satisfaction. Dites-lui par exemple :

– « Bravo ! Tu dois être fier de toi. »

– « C'est super. On va remettre cette culotte et hop ! tu restes au sec. C'est chouette, non ? »

– « Tu as tout compris. Je suis vraiment content. Et toi, tu es content ? »

– « Encore un pipi en chemin qui est arrivé au bon endroit ! »

N'hésitez pas, évidemment, à faire participer l'autre parent, surtout s'il s'agit du papa... Souvent moins impliqué dans cet apprentissage, le père doit faire un effort et montrer, à sa manière et avec ses mots, qu'il est fier que son petit devienne grand. À bon entendeur !

C'EST ENCORE CHAOTIQUE

L'opération pot se solde régulièrement par un échec. Déçu, il est. Désemparé, vous êtes. Halte-là, l'apprentissage de la propreté est un long chemin ! Prenez de la hauteur et voyez la situation dans son ensemble. Il est en train d'apprendre, c'est-à-dire qu'il n'a pas encore appris.
Cela dit, vous devez l'encourager dans ses tentatives. Surtout si votre enfant manifeste un réel intérêt pour le pot et, en d'autres termes, qu'il fait ce qu'il peut ! Voici quelques paroles rassurantes à lui dire pour qu'il ne se décourage pas en cas d'essais infructueux et/ou d'accidents répétés :
– « Je crois que ce pipi-là n'était pas encore en chemin. »
– « Ne t'inquiète pas, tu vas y arriver. »
– « Tu sais, pour les grands aussi, parfois, ça ne marche pas. »
– « Tu essaieras de nouveau tout à l'heure et nous verrons si ça marche. »
– « Ce n'est pas facile d'apprendre. Mais moi, je sais que tu réussiras. »
– « C'est toi qui décides quand tu seras propre. Tu as le temps et j'ai confiance en toi. »
L'objectif ici est double. L'enfant ne doit pas perdre sa motivation, il doit conserver sa confiance dans son habileté, ses compétences. Et il doit être certain que vous n'êtes pas déçu par son prétendu échec. Le pire serait qu'il éprouve de la tristesse à l'idée de ne pas être à la hauteur et de vous décevoir.

LES PIÈGES À ÉVITER

Dans la série « mauvaise pioche », certaines idées et/ou comportements sont à bannir dans l'éducation à la propreté. Dans le cas contraire, vous risqueriez la démobilisation générale. Imprimez la liste ci-dessous, dans votre esprit ou « pour de vrai » :

- **Ne montrez jamais votre exaspération ou votre anxiété.** Votre rôle consiste à accompagner l'enfant vers la propreté, à encourager son désir d'indépendance. Vous devez être prêt à consacrer du temps et de l'énergie à cet entraînement. La serpillière doit donc devenir votre meilleure amie.
- **Ne faites pas porter une culotte mouillée ou souillée à votre enfant** sous prétexte de « lui apprendre » le droit chemin. Pitchoun, mal à l'aise, inévitablement humilié, pourrait alors se retenir d'aller sur le pot, ce qui entraînerait de graves complications physiologiques, comme la constipation.
- **Ne le laissez pas des heures sur le pot.** De longues séances forcées aux toilettes, à s'ennuyer ferme et à culpabiliser parce que rien ne se passe, risquent de fâcher pour un bon moment Pitchoun avec le pot. Il constate amèrement qu'il n'arrive à rien, ce qui le conforte dans sa volonté d'éviter coûte que coûte ce satané récipient.
- **Ne mettez pas votre enfant trop souvent sur le pot.** Certes, vous craignez l'accident. Mais aller aux toilettes toutes les cinq minutes n'aidera pas Pitchoun à prendre conscience que les sensations qu'il éprouve dans son corps signifient qu'il est temps de poser son charmant derrière sur le pot. Or c'est bien ce lien de cause à effet qu'il doit assimiler.
- **Ne vous attendez pas à des résultats immédiats** et infaillibles. Car cela ne se produira pas.
- **Ne vous transformez pas en sergent-chef.** Il s'agit de vous lancer dans un apprentissage, pas de procéder à un entraînement strict avec une pression constante. Vous êtes son parent. Recul, bon sens et faculté d'adaptation sont

vos maîtres mots pour les semaines à venir. Optez pour l'éducation non violente, comme il existe la communication non violente.

- **N'humiliez jamais votre enfant.** Évidemment, direz-vous. Il ne vous viendrait pas à l'esprit de le qualifier d'imbécile. Mais tâchez aussi d'éviter l'infériorisation (« Ce sont les bébés qui font pipi dans leur couche »), la comparaison (« Simon, lui, est déjà propre »), le jugement moral (« C'est bien/c'est mal ») ou encore l'humour qui frôle l'ironie. L'enfant est déjà, de fait, plus « petit » que vous. Il est dangereux de le « rabaisser » davantage.

- **Ne restez pas seul avec vos questions, vos difficultés, vos dilemmes.** Si vous rencontrez des problèmes liés à l'apprentissage de la propreté, n'hésitez pas à demander de l'aide et en premier lieu au pédiatre qui suit votre enfant. N'ayez jamais honte de « ne pas y arriver ». Si vous vous sentez dépassé, démuni, osez en parler ouvertement.

FAITES CONFIANCE À VOTRE ENFANT

L'apprentissage de la propreté et l'entraînement à maîtriser son corps appartiennent à un processus qui se déroule sur plusieurs étapes – que Pitchoun va parfaire en quelques semaines ou en plusieurs mois. Votre enfant est unique, il a son propre rythme, il possède mille talents qui lui sont propres et se montre plus fragile dans d'autres domaines. C'est tout cela qui fait qu'il est lui, et c'est pour tout cela que vous l'aimez. Ne l'oubliez pas. Qu'il devienne propre, qu'il devienne grand, n'est pas une compétition, ce n'est pas un sprint. Ce serait plutôt une course de fond, nullement *contre* d'improbables adversaires (son petit cousin ou les impératifs sociaux) mais *pour* lui-même. La propreté est une suite d'apprentissages. Pitchoun vous dira bientôt qu'il doit aller sur le pot, il se déshabillera, il fera ce qu'il a à faire ; plus tard, il essuiera lui-même ses petites fesses, se rhabillera, tirera la chasse d'eau et se lavera les mains. Chacune de ces étapes ultérieures pourra prendre (et prendra certainement) du temps. Alors n'oubliez jamais de féliciter votre enfant chaque fois qu'il aura franchi l'un de ces caps. Sachez apprécier le chemin, les détails, et ne visualisez pas seulement l'objectif à long terme.

Nous ne le dirons jamais assez. C'est la confiance que vous aurez en votre enfant qui lui permettra d'avoir confiance en lui. Tout est question de sécurité intérieure, ce sentiment interne qui permet à chaque être humain d'aller de l'avant, de construire son identité. Et devenir propre, c'est-à-dire devenir autonome et maître de soi, c'est être suffisamment serein pour se développer, grandir. Et, quelque part, avoir moins besoin de Papa et Maman.

Faites confiance à votre enfant. Faites-vous confiance aussi, et soyez certain que l'apprentissage de la propreté de Pitchoun sera bientôt un souvenir. Et un chouette souvenir, qui plus est !

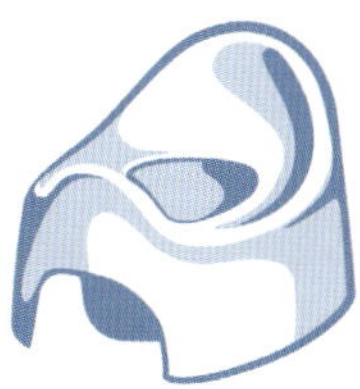

La propreté au fil du temps

Avec votre aide, Pitchoun est brillamment arrivé au terme de l'aventure. Il est propre. Enfin... la très grande majorité du temps. Restent la sieste, la nuit, le bain, les longs voyages et les petits « oublis ». Comment être au sec vingt-quatre heures sur vingt-quatre et sept jours sur sept ?

DES PETITS ACCIDENTS INÉVITABLES

Vous n'y échapperez pas, rares sont les enfants qui deviennent propres du jour au lendemain et ne connaissent aucun petit incident de parcours. Surtout, ne vous découragez pas, ne râlez pas, ne culpabilisez pas car vous pourriez ôter à Pitchoun ce dont il a le plus besoin en ce moment : de la confiance.

Voyez plutôt ces loupés comme de bons moyens de parfaire l'apprentissage de la propreté. En effet, c'est en voyant un petit pipi par terre ou un ovni flottant dans son bain que l'enfant prend concrètement conscience de son corps et de ce qu'il est en mesure de créer, puis d'expulser. C'est donc par un processus d'essais et d'erreurs qu'il comprendra peu à peu comment exercer son contrôle. Et c'est là que le parent intervient. Il doit accompagner l'apprentissage en aidant l'enfant à comprendre le pourquoi du comment de ces petits accidents qui ne manqueront pas d'arriver.

Que dire ? Que faire ? La méthode est très simple. Commentez à haute voix l'événement, sans crier, sans culpabiliser et sans humilier le petit « fautif », avec de gros guillemets à ce mot ! Car bien entendu, il ne s'agit pas d'une « faute » mais bel et bien d'une étape normale, comme toutes celles que nous avons décrites précédemment.

- **Constatez :** « Aïe ! Un petit pipi s'est échappé dans la culotte… »

Faites une pause pour que l'enfant puisse parler s'il en a envie. S'il se tait, poursuivez.

- **Dédramatisez :** « Ce n'est pas grave, tu sais, ça arrive. »

Nouvelle pause.

- **Expliquez :** « Je crois que tu n'as pas eu le temps d'aller sur le pot. »

Encore une pause.

- **Impliquez :** « La prochaine fois qu'un petit pipi est en chemin, que pourrais-tu faire ? »

Pause.

- **Proposez :** « Tu pourrais par exemple aller vite sur le pot. Qu'en penses-tu ? Tu es d'accord ? »

Dernière pause.

Bien entendu, votre façon d'aborder cette discussion et de poursuivre la réflexion sera propre à votre tempérament et à celui de votre enfant. Adaptez le discours indiqué ci-dessus pour qu'il vous ressemble et vous convienne. Vous devez vous montrer authentique et non singer des préceptes éducatifs. L'objectif est ici de permettre à l'enfant d'appréhender la situation et d'apprendre de ses erreurs. Comme il apprend de ses succès, nous l'avons vu au chapitre précédent. Il est important de le laisser s'exprimer, poser des questions, etc., en orientant la conversation avec douceur, tendresse et bienveillance. Mais ne le forcez pas à parler. S'il est suffisamment en confiance et qu'il a envie de vous dire quelque chose, il le fera. Cependant, il doit se sentir libre de se taire et de garder pour lui ses réflexions.

ON PART EN BALADE : COUCHE OU CULOTTE ?

Il est courant de lire ici et là que le retour en arrière, comprenez le retour aux couches, perturbe l'enfant dans son apprentissage de la propreté. S'il est évident que l'on ne doit pas opter pour la culotte le lundi puis remettre une couche le mardi, ne soyons pas non plus complètement obtus ! Il faut faire preuve de recul et de bon sens.

Si vous devez effectuer un trajet de plusieurs heures en train quelques semaines seulement après avoir débuté l'aventure, ne tergiversez pas et optez pour la couche. Tenter le diable ne manquerait pas de vous stresser : vous passeriez le voyage à emmener Pitchoun aux toilettes et à lui demander s'il a envie de faire pipi. (Sans compter que, dans le train, les toilettes sont petites, inconfortables, bruyantes et pas toujours très propres.) Lui qui fait de gros efforts pour essayer de maîtriser le système, pourrait ne pas se sentir à la hauteur de vos espérances. Et si, par malheur, un accident arrive sur la banquette du TGV, vous aurez du mal à conserver votre sérénité. Le risque est trop grand et surtout complètement inutile. Remettez une couche-culotte avant le grand départ en parlant « vrai » à votre

En pratique : et les incongruités dans tout ça ?

Une incongruité, plus communément appelée un « prout » par Pitchoun, est une manifestation naturelle de l'organisme. Ne le grondez pas s'il commet un impair. Et attendez que la propreté soit définitivement acquise pour non pas lui faire la morale, mais lui expliquer le savoir-vivre. À ce moment-là, faites-lui simplement remarquer qu'en principe les petits bruits du corps ne sont pas les bienvenus en public ! Précisez-lui toutefois qu'il y a une différence entre les manifestations que l'on peut contrôler (les petits renvois, les flatulences...) et celles contre lesquelles on ne peut rien (le hoquet, la toux et autres gargouillis digestifs). Incitez-le à retenir les premiers et à s'excuser pour les seconds. Apprenez aussi à votre enfant que ces petites manifestations touchent tout le monde et qu' il n'a ni à en rire, ni à les relever, ni à les faire remarquer à ses copains. Cela dit, pendant un long moment, lui et sa bande trouveront cela très drôle. Ne vous inquiétez pas : la phase « caca boudin » prend fin. Un jour...

enfant. Expliquez-lui que, dans un train, il n'y a pas de pot et que vous serez plus tranquilles en cas de pipi en chemin. Simple et efficace. Néanmoins, insistez sur le côté « exceptionnel » de la chose afin de ne pas susciter de confusion.

En revanche, pour les balades, les courses, les petites sorties, laissez-lui sa culotte. Tentez un passage par le pot avant de sortir mais ne le forcez pas à mettre quoi que ce soit dedans ! Il est fort probable qu'il mouillera sa culotte en chemin ou chez le voisin une fois ou deux. Mais, là encore, est-ce la fin du monde ou l'échec de votre initiation ? Non. Cela fait partie du processus d'apprentissage. Les premiers temps, prévoyez quelques vêtements de rechange. Et restez zen pour qu'il le soit aussi. Rappelez-vous : la clé du succès est que Pitchoun se sente soutenu quelles que soient les circonstances.

Si Pitchoun doit passer la journée chez Mamie ou chez une amie, expliquez à celle-ci que votre enfant est en train de passer un cap et assurez-vous qu'elle soit suffisamment disponible et bienveillante pour l'y aider. Emportez le pot ou le réducteur si nécessaire et prévoyez, là encore, des vêtements de rechange. N'hésitez pas à offrir en cadeau à Mamie une jolie serpillière ou un rouleau de papier toilette, histoire de dédramatiser la situation et de la placer sous le signe de l'humour.

ÊTRE PROPRE À LA SIESTE

Bonne nouvelle ! Pour que Pitchoun reste au sec toute la journée, sieste comprise, vous n'avez rien à faire. Il n'est pas rare, d'ailleurs, que l'enfant ne mouille plus ses couches du tout aussitôt le concept de la propreté intégré. Cependant, le cas contraire peut tout aussi bien se produire pendant encore quelque temps – c'est pourquoi il est préférable de commencer l'initiation plusieurs mois avant la date fatidique de la rentrée scolaire, hum, hum...

L'enfant qui fait de longs dodos l'après-midi et/ou celui qui sombre dans un sommeil lourd et profond peuvent avoir besoin de quelques semaines de répit. On ne peut raisonnablement tout faire à la fois ! Qu'il soit propre le jour est déjà une victoire, un franc succès. Alors allez-y doucement pour la sieste. Ne paniquez pas, cela viendra naturellement. Ce n'est que lorsque vous remarquerez que les couches restent sèches après plusieurs siestes consécutives que vous pourrez tenter l'expérience de laisser Pitchoun en culotte. En règle générale, si l'on prend son temps et si l'on a du temps devant soi, cette étape est d'une facilité déconcertante pour le parent qui, depuis des semaines, a l'œil rivé sur un récipient multicolore.

ÊTRE PROPRE LA NUIT

Il est propre toute la journée ? Super ! Félicitez-le, félicitez-vous : vous avez fait du bon boulot tous les deux ! Alors, pourquoi vous stresser et le presser pour qu'il acquière ipso facto la propreté nocturne ? Non, non et non. Primo, être au sec toute la nuit n'est nullement de l'ordre d'un impératif social. La directrice de l'école ne lui en voudra pas, ses petits camarades non plus. Donc, soufflez, relaxez-vous. Et permettez-lui de rester au sec de façon un peu artificielle pendant encore quelque temps. Le temps dont il aura besoin.

La très grande majorité des enfants propres le jour continuent de porter des couches la nuit pendant plusieurs mois, et parfois quelques années. Son corps au repos, sa vigilance endormie, Pitchoun a bien du mal à contrôler sa vessie. Les automatismes ne sont pas encore acquis.

Votre enfant est-il dysfonctionnel s'il ne parvient pas à maîtriser le système au bout d'un an ? Non. Ne dramatisez pas et rassurez-vous : on ne peut parler d'énurésie [voir encadré p. 69] que si l'enfant mouille son lit régulièrement après l'âge de 4 ou 5 ans. Vous avez de la marge. Respirez !

La propreté nocturne viendra avec le temps. Là encore, vous n'avez rien à faire ou presque. Encourager l'enfant, le motiver ne sert pas à grand-chose puisqu'il n'en va pas de sa volonté. Laissez votre enfant grandir à son rythme. La seule bonne idée ici est d'assurer l'enfant de votre confiance. Vous partez du principe qu'un jour, ou plutôt une nuit, il sera propre. Dites-le-lui et comportez-vous comme tel. Puis attendez.

Attendre oui, mais quoi ? Simplement que l'enfant se réveille plusieurs fois de suite avec une couche sèche. À ce moment-là, faites-lui prendre conscience de cette nouvelle étape en le félicitant : « Tu as remarqué ? Il n'y a rien dans la couche ce matin. Je crois que tu grandis encore, mon chéri… » Ne lui mettez pas la pression au premier succès. Prolongez l'observation pendant une semaine d'affilée et le tour est (presque) joué. Proposez-lui de garder sa super culotte de héros ou de princesse. S'il a peur de ne pas y arriver, rassurez-le : les héros et les princesses ont tous connu un petit incident de parcours. S'il rechigne, ne vous offusquez pas et renfilez une couche. Laissez-lui la possibilité de choisir lui-même quand il deviendra un grand tout le temps.

Derniers conseils judicieux avant qu'il ne sombre dans les bras de Morphée. Les premiers temps, mieux vaut que Pitchoun évite de boire 1 litre d'eau avant de dormir – ne l'assoiffez pas non plus. Mettez une alèse sous ses draps pour éviter d'avoir à laver le matelas. Et apprenez-lui que le passage aux toilettes avant de dormir est nécessaire. Cela fait partie du rituel : pipi, les dents, une histoire, un gros câlin, « je t'aime » et « bonne nuit ». Elle est pas belle, la vie ?

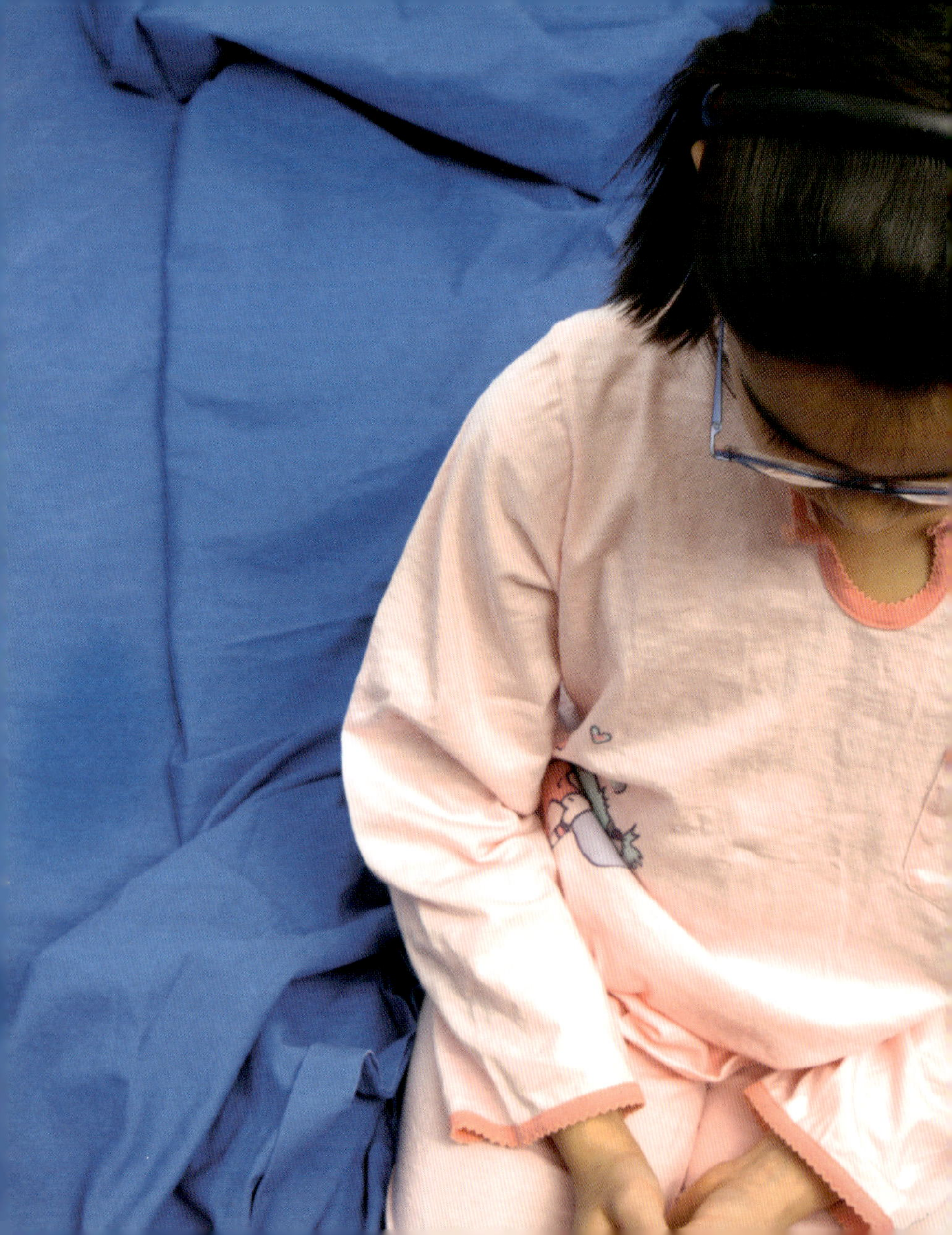

LE SAVIEZ-VOUS ?

L'énurésie

Ce terme désigne toute miction incontrôlée de l'enfant. Ce trouble, qui semble toucher davantage les garçons que les filles, n'est pas héréditaire. Elle n'est pas non plus forcément liée à un sommeil très profond ou à un problème physiologique. En réalité, il existe deux types d'énurésie :

- L'énurésie est dite « primaire » si l'enfant a toujours eu ce problème. Dans un premier temps, poursuivez l'apprentissage : exigez que Pitchoun fasse pipi avant de dormir, installez le pot près de son lit, protégez la literie et prévoyez pyjama et draps de rechange. Lever l'enfant la nuit n'est guère efficace puisque cela n'inscrit pas un réflexe. Cela dit, ne laissez pas l'énurésie s'installer. Si vous constatez que le problème persiste au-delà de la cinquième année, consultez un médecin ou un thérapeute pour enfant. Des méthodes efficaces existent, comportementales ou médicales.
- L'énurésie est secondaire lorsqu'elle suit une période de propreté nocturne. Les cas les plus fréquents se rencontrent à l'occasion d'un bouleversement dans la vie familiale : déménagement, arrivée d'un cadet, conflits... Faire pipi au lit est un moyen inconscient par lequel l'enfant exprime sa contrariété, sa peur, sa tristesse, sa colère. Dans ces cas-là, une attention accrue à l'enfant, le dialogue mais aussi la tendresse, la bienveillance doivent suffire à faire rentrer les choses dans l'ordre. Une consultation avec un psy peut aussi aider l'enfant à verbaliser ce qu'il n'ose pas dire à ses parents, qu'il imagine eux aussi déstabilisés par ce bouleversement.

La propreté et ses petits soucis

L'apprentissage de la propreté n'est pas toujours un long fleuve tranquille. Pitchoun peut farouchement s'opposer à l'usage du pot, manquer de motivation ou encore s'intéresser d'un peu trop près à ses petites productions quotidiennes. Comment réagir ?

IL REFUSE D'ÊTRE PROPRE

Rien à faire, le pot ne l'intéresse pas du tout. Pitchoun est très à l'aise en couche, trouve les toilettes peu accueillantes et ne comprend pas bien votre enthousiasme à l'idée qu'il porte une culotte. « C'est quoi, cette lubie ? » semble-t-il vous demander. Le diagnostic est sans appel. Vous avez sans doute commencé trop tôt l'apprentissage de la propreté. Souvenez-vous : pour que l'opération soit un franc succès, il convient d'attendre le bon moment, de favoriser le déclic mais de ne surtout pas forcer le futur usager des WC. Décider à la place de l'enfant qu'il doit devenir grand et autonome alors qu'il n'en a aucune envie, c'est faire le mauvais choix. Bon. Ce qui est fait est fait, tant pis. Tout n'est pas perdu pour autant.

Remettez simplement cette étape de son développement à plus tard. Si votre enfant refuse d'être propre, ce n'est pas qu'il a un problème physiologique. C'est qu'il n'est pas prêt pour des raisons qui lui sont propres, sans doute psychoaffectives. Laissez passer un peu de temps avant de retenter l'expérience. Combien de temps ? De un à trois mois sont nécessaires pour que Pitchoun ait oublié cette première expérience qui n'a pas abouti. Il est important de restaurer la confiance pour obtenir de nouveau sa coopération. Il doit avoir « oublié » cette tentative infructueuse. Pendant ce temps, l'enfant grandit, devient plus mature, engrange expériences et connaissances. Tenez-en compte. Ne le traitez plus comme un petit bébé : changez-le debout, par exemple, et mettez-lui plutôt des couches-culottes, qui s'enfilent comme une culotte.

Surtout, ne vous lancez pas dans un bras de fer en poursuivant le combat sans tenir compte de l'envie de votre enfant. Vous seriez tous les deux perdants en vous aventurant dans cette bataille. Vous risquez en effet de ternir la relation parent-enfant et de donner à Pitchoun une mauvaise image de lui-même. Vous ne baissez pas les bras en lui accordant ces quelques mois. Vous ne perdez pas la « bataille » car vous conservez bien en tête l'objectif, mais ne vous égarez pas dans des considérations sociales et de prétendues normes éducatives.

IL N'EST PAS MOTIVÉ

Il ne refuse pas d'être propre mais n'est absolument pas motivé par l'idée. Ça ne l'intéresse pas beaucoup. Parfois, il y pense mais souvent, il s'en fiche. Être

En pratique : punir est-il efficace ?

Vous l'aurez compris, sanctionner un enfant qui ne parvient pas à être propre est une aberration qui frôle le mauvais traitement. Car, qu'on se le dise, la punition en elle-même n'a rien d'éducatif. Elle n'est pas pédagogique, c'est-à-dire qu'elle n'apprend pas à l'enfant l'intérêt de bien se comporter, pour lui-même et non selon le bon désir de son parent ou les impératifs de la société. Elle mise tout sur la peur. L'enfant a peur, au choix et dans le désordre, de recevoir une fessée, d'être privé de dessin animé ou d'être tenu de faire des lignes. Les spécialistes de l'enfance sont nombreux à alerter sur les méfaits de la punition et à oser dire qu'elle est contre-productive en matière d'éducation. Mais alors... que faire en cas de bêtise notoire ? Isoler l'enfant pendant quelques minutes. Dans sa chambre, sur une chaise à grandir, dans un coin. C'est un temps mort pour réfléchir et marquer le coup. Voilà pour la « bonne » punition. Mais il va de soi que les difficultés rencontrées par Pitchoun lors de l'apprentissage de la propreté ne sont nullement des bêtises. Et qu'elles ne méritent donc aucune punition.

au sec n'a pas l'air d'être plus confortable que de rester un petit moment dans l'humidité. Bref, il n'est pas concerné. Du moins pas autant que vous. Sachez, cher parent démuni devant tant d'indifférence, que vous pouvez favoriser sa coopération. De nombreux spécialistes de l'enfance proposent en effet des méthodes de renforcement positif, comme par exemple les tableaux de récompense. Nous vous conseillons toutefois de commencer par suivre la méthode que nous décrivons avant de recourir à ce système, qui n'est à utiliser qu'en cas de réelle difficulté, après plusieurs semaines de tentatives infructueuses pour cause de très mauvaise volonté.

De quoi s'agit-il ? L'idée est de favoriser la coopération de l'enfant, en misant sur la motivation et en valorisant chacun de ses succès. Le principe est vieux comme le monde : il est propre, il gagne.

- **Il gagne quoi ?** C'est à vous de le définir en fonction de vos valeurs et des goûts de l'enfant. Ce peut être une récompense, un petit cadeau, une sortie, un droit particulier, une faveur, un moment privilégié, etc.
- **Comment le gagne-t-il ?** Grâce à un système bien connu des pédagogues nommé l'« économie des jetons ». L'idée de ce tableau à points est de récompenser chaque réussite par des « jetons » (ou des billes, des croix sur une feuille, des bons points, etc.). On n'indique que les réussites. Si, à chaque envie pressante, l'enfant va sur le pot (qu'il y arrive à temps ou pas), il obtient son jeton. Il les collectionne et peut ensuite échanger son trésor contre la récompense. Ce système a l'avantage immense de valoriser les bons comportements sans se focaliser sur les mauvais, c'est-à-dire les accidents, les loupés, les oublis.

Par ailleurs, cette méthode peut être adaptée à chaque enfant et à chaque situation mais aussi dans le temps, à long terme. Vous pouvez choisir de récompenser chaque journée sans petits incidents puis fixer un objectif de plusieurs jours, par exemple, avant d'échanger les jetons contre une petite voiture ou un joli bracelet.

LE SAVIEZ-VOUS ?

Le système des jetons est parfaitement adapté aux caprices et colères indomptables de Pitchoun. Si, plus tard, vous avez du mal à vous faire entendre et à susciter sa coopération pour qu'il fasse ses devoirs, qu'il range sa chambre, qu'il vienne à table ou qu'il prenne sa douche, ressortez votre tableau à points. C'est efficace et cela vous évite d'avoir à répéter cent fois les mêmes choses.

ÇA FAIT DEUX MOIS ET ÇA NE MARCHE PAS !

Avant de sombrer dans le défaitisme, prenez le temps de faire un petit bilan. Qu'est-ce qui, selon vous, ne marche pas exactement ?

- Êtes-vous trop impatient ? Vous attendiez-vous à des résultats immédiats ? Rappelez-vous que chaque enfant évolue à son rythme. Un petit peut avoir besoin de plusieurs mois pour maîtriser le processus. Félicitez chaque pas, concentrez-vous sur sa bonne volonté, ses progrès au quotidien. Il gagnera en confiance et poursuivra ses efforts – car la propreté suppose des efforts.
- Les accidents sont encore trop fréquents. Mais trop fréquents selon qui ? Vous, la crèche, la nourrice ? Mieux vaut en parler autour de vous pour vérifier que vous avez fait le bon diagnostic. Vos critères de réussite ne sont peut-être pas ceux de ses autres référents. Prenez rendez-vous avec votre pédiatre pour lui demander s'il pense qu'il y a un problème avant d'affirmer que c'est le cas.
- Votre enfant était-il vraiment prêt ? Posez-vous la question même si son

comportement semblait plutôt volontaire. Peut-être a-t-il feint la motivation pour vous faire plaisir ? S'il a simplement obtempéré à votre demande (pour avoir la paix ou obtenir de la reconnaissance) sans vraiment s'investir pour lui-même, il n'a sans doute pas saisi l'intérêt de l'opération, ni les avantages de l'autonomie. Envisagez alors d'opter pour les méthodes de renforcement positif décrites ci-dessus.

- Que pouvez-vous faire pour l'encourager davantage ? Consacrez-vous assez de temps, d'énergie, d'écoute à cet apprentissage ? Peut-être est-il peu enclin à s'atteler à la tâche simplement parce que vous ne l'êtes pas plus que lui ? Avec le temps, votre enthousiasme des débuts a probablement disparu. Pire, il a sans doute laissé place à un certain découragement. Reprenez les choses à la base. Réagissez aujourd'hui comme si vous veniez de débuter l'initiation.

IL VEUT JOUER AVEC LE CONTENU DE SON POT

Pitchoun semble très intéressé par le contenu de son pot ? Rien de plus normal. Certains enfants sont intrigués, voire angoissés à l'idée d'abandonner une partie de leur corps, un petit morceau d'eux-mêmes, nous l'avons vu à la page 19. Mais certains vont plus loin et mettent carrément le nez dans le pot ! Une façon de canaliser la peur...

Gardez-vous bien d'afficher une mine écœurée devant Pitchoun. Votre enfant penserait que cet acte vital et naturel est sale. S'il n'est pas nécessaire de mettre votre propre nez dans le pot, dites-lui quand même que ce petit pipi n'a rien de dégoûtant. C'est un acte naturel et nécessaire pour tout le monde. Certains bambins peuvent aussi, toujours dans le but de se rassurer, avoir envie de toucher ce qu'ils viennent de produire. De nouveau, évitez de hurler : « Arrête, c'est immonde ! » Car ça ne l'est pas : c'est littéralement humain. S'il vous voit dans tous vos états pour un geste anodin, il risque de se demander si ce qui vient de sortir de son petit bidon n'est pas un peu dangereux...

N'interdisez pas à votre enfant de jouer avec le contenu de son pot sans prendre le temps d'une courte explication. Il doit y avoir une raison à ladite interdiction, une raison valable. Vous savez parfaitement argumenter quand il s'agit de lui défendre de toucher aux prises de courant, non ? Eh bien, faites de même. Expliquez simplement à Pitchoun que jouer avec ses excréments ne fait pas partie des habitudes humaines. Adoptez un ton assuré mais compréhensif : « Non, on ne fait pas cela. » C'est une raison suffisamment valable. Ça lui passera, vous verrez...

En pratique : rituel d'au revoir

Certains enfants éprouvent le besoin de « dire au revoir » à leur « production ». Ils vous regardent vider le pot dans la cuvette des toilettes, puis s'exclament « au revoir pipi ! », « au revoir caca ! ». Ils sont fiers, ensuite, de tirer la chasse. Vous pouvez, selon leur niveau de maturité et sans entrer dans des détails trop compliqués, leur expliquer que la chasse d'eau entraîne leurs petits besoins dans les tuyaux puis dans les égouts. Certains enfants sont en effet soucieux de savoir ce que deviennent ces « choses » qui sortent de leur corps. N'hésitez pas à sacrifier à ce rituel qui rassurera Pitchoun et ne durera qu'un temps.

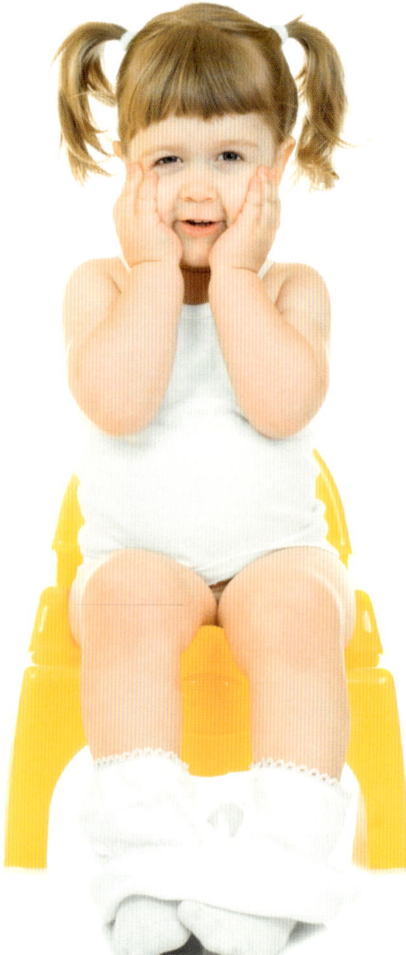

La propreté et ses difficultés

Nous ne pouvions pas faire l'impasse sur les quelques difficultés que Pitchoun et vous risquez de rencontrer dans cette belle aventure. De la plus bénigne à la plus délicate, passons en revue les embûches. Et voyons quelles sont les solutions.

IL REFUSE DE FAIRE AUTRE CHOSE QUE PIPI

Certains enfants acceptent de faire pipi au bon endroit mais refusent de faire leurs besoins ailleurs que dans une couche. Bien souvent, ils ont peur qu'une partie d'eux-mêmes ne s'en aille on ne sait où. Inconsciemment, ils veulent la retenir en eux. Ou du moins, la retenir près d'eux, dans une culotte, donc. Il convient alors de rassurer l'enfant. En expliquant d'abord que le pot n'est pas le grand méchant loup, de même que la cuvette des toilettes n'est pas un gouffre sans fond. « Tout le monde va aux toilettes, après on tire la chasse d'eau, et cela s'en va. C'est normal. Ne t'inquiète pas, nous allons attendre. Tu y feras tes besoins plus tard, quand tu seras prêt. »

Il n'est évidemment pas judicieux d'obliger l'enfant à s'asseoir sur son pot en lui ôtant de force ses sous-vêtements. Vous risqueriez de le confronter violemment à ses peurs et il y a fort à parier que l'effet serait contraire à celui escompté. Or cela peut être dangereux pour sa santé. Craignant le moment fatidique et voulant l'éviter coûte que coûte, il pourrait se retenir et souffrir de constipation.

Il n'est pas très malin non plus de lui donner une récompense (bonbon, gommette) s'il dépasse sa peur malgré tout et parvient à faire ses besoins au bon endroit. Vous placeriez le débat sur de mauvaises bases et instaureriez l'idée d'une monnaie d'échange. Toutefois, si vous sentez que le système d'économie des jetons peut bien fonctionner avec lui, n'hésitez pas à mettre en place un petit tableau spécial.

L'important, une fois encore, est de lui accorder un peu de temps. Mais refusez clairement de lui remettre une couche. Tant pis, il salira ses culottes et vous en serez quitte pour quelques machines supplémentaires. Après un accident, ôtez-lui ses vêtements et jetez les excréments dans le pot : « Tu vois, c'est ici que doit aller ce caca. Ensuite, on le met dans les toilettes et hop ! il s'en va. Tu comprends ? On essaiera la prochaine fois, d'accord ? » Fin de la discussion.

Si la situation persiste et que cela vous inquiète, n'hésitez pas à en discuter avec son pédiatre, qui décidera si l'aide d'un psychothérapeute est nécessaire. Souvent, une ou deux séances suffisent pour résoudre ce genre de petits problèmes. Vous êtes peut-être passé à côté de quelque chose, sans doute y a-t-il un doute, une incompréhension que Pitchoun n'arrive pas à formuler avec vous. Un professionnel parviendra, c'est certain, à le rassurer.

LE SAVIEZ-VOUS ?

Quand consulter un psy ?

La souffrance n'attend malheureusement pas le nombre des années. N'ayez jamais peur de sonner à la porte d'un « psy ». Au contraire, soyez fier de vous puisque vous vous mobilisez pour votre enfant et l'autorisez à exprimer sa difficulté ou son mal-être. Ne craignez pas d'être remis en cause dans votre éducation : un professionnel n'est pas là pour vous juger mais pour aider votre enfant, pour faire en sorte qu'il aille mieux. Quand faut-il consulter ?

- Dans les périodes de crise familiale (séparation, maladie, deuil...).
- Si le développement psychoaffectif de Pitchoun vous soucie (agressivité, repli sur soi...).
- Lorsque les apprentissages fondamentaux ne se mettent pas en place (propreté évidemment, mais aussi langage, par exemple).
- En cas de difficultés ou d'échec scolaire.
- Si l'humeur ou le comportement général de votre enfant change brusquement sans raison apparente.

IL ÉTAIT PROPRE… IL NE L'EST PLUS !

Aïe, vous pensiez que le tour était joué et voilà que rien ne va plus ! Il « rechute ». Ne cédez pas à la panique, cette régression, comme il est courant de l'appeler, ne signifie pas que tout est fichu. Surtout, elle n'appelle aucune réprimande, aucune réflexion désobligeante et, bien évidemment, aucune sanction. Cette rechute est très probablement liée à un événement extérieur qui a perturbé ou contrarié Pitchoun. Il convient alors de s'interroger sur ce qui a pu troubler votre enfant récemment :

• **Un déménagement.** C'est un changement de repères qui, inévitablement, bouleverse le sentiment de sécurité de l'enfant. Voyez comme vous-même n'êtes pas forcément serein quand vous changez d'environnement. C'est archaïque et parfaitement normal. L'individu a besoin de se sentir en confiance pour que la machine fonctionne. Laissez à Pitchoun le temps de s'acclimater, de trouver ses repères, de se sentir bien chez lui. Tâchez de faire le lien entre son ancien environnement et le nouveau [invitez un copain, par exemple] et favorisez son acclimatation [emmenez-le faire des courses dans le quartier, entre autres].

• **Un changement d'école, de nounou.** Là encore, il se peut que votre enfant craigne de ne pas trouver sa place au sein de ce nouveau groupe ou auprès de cette personne encore inconnue de lui. Il lui faut un peu de temps pour se familiariser avec lui/elle. Prévenez l'école ou la nounou de cette rechute pour instaurer un nécessaire climat de confiance. Restez à l'écoute de votre enfant et dites-lui que vous comprenez son inquiétude. Vous pouvez formuler des hypothèses :

« Peut-être te sens-tu un peu perdu ? » ou « Tu as peut-être peur que la nouvelle nounou ne soit pas aussi gentille que l'ancienne ? » Ne le forcez pas à tout expliquer non plus. Plus il sentira que vous êtes serein, plus il se permettra d'être à l'aise.

- **L'arrivée d'un cadet.** N'est-ce pas là une bonne raison pour ne plus vouloir grandir du tout ? Si, une excellente même ! Car le nouvel arrivant pourrait bien prendre sa place à lui dans le cœur de ses parents. Alors, il redemande un biberon, ne fait plus aucun effort de langage et surtout… fait pipi sur Spider-Man et Hello Kitty réunis ! C'est une manifestation normale de jalousie. Il a envie de redevenir un bébé, comme ce cadet qui occupe tant sa maman et son papa. Ici, une mise en valeur de votre aîné devrait suffire à faire rentrer les choses dans l'ordre. Félicitez tendrement Pitchoun qui devient grand. Et consacrez-lui du

En pratique : la propreté à l'école

Certains enfants refusent d'aller aux toilettes à l'école. Il faut dire qu'ils sont encore bien petits pour s'exécuter « sur commande » au moment où ils se rendent en procession aux toilettes, souvent collectives et sans intimité. Soyez vigilant les premières semaines : vérifiez que votre enfant ne se « retient » pas plusieurs jours de suite et va à la selle chez vous, le matin avant de partir ou le soir – une fois par jour lui assure un transit suffisant. Cette précaution évitera qu'il ne devienne un constipé chronique (beaucoup d'enfants ne vont jamais aux toilettes à l'école ni, plus tard, au collège ou au lycée !).

temps. C'est tout de même un grand bouleversement ! Tâchez de lui offrir des moments rien que pour lui.

Dans tous les cas précités, il est nécessaire d'adopter une attitude respectueuse, tolérante et compréhensive pour permettre à votre enfant de retrouver ses bonnes habitudes lorsqu'il se sera adapté aux changements survenus dans sa vie.

Si le problème persiste et contrarie votre tout-petit, n'hésitez pas à consulter un thérapeute. Un traitement comportemental a de grandes chances de réussite. Il s'agit de mettre en place un « calendrier mictionnel » pour aider l'enfant à se prendre en charge : dans un petit carnet ou sur un tableau, Pitchoun dessine (ou colle) un parapluie pour noter les jours avec accident(s) et un soleil pour se féliciter des jours sans. C'est un moyen ludique pour le responsabiliser sans le culpabiliser.

LE SAVIEZ-VOUS ?

Une période de chômage, des difficultés conjugales ou financières... Votre enfant perçoit votre malaise et voudrait tant vous aider. Alors, peut-être, s'il redevenait bébé, iriez-vous mieux ? Bien sûr, tout cela est chez lui inconscient. Mais tenez compte de cette possibilité et rassurez-le en lui disant que vous connaissez des difficultés mais qu'il n'y est pour rien. Et si vous vous sentez dépassé, ne restez pas seul. Un thérapeute peut vous aider à faire le point. Vous n'êtes pas tenu d'être un parent exemplaire. Un bon parent est simplement celui qui sait reconnaître quand il est trop fragile pour l'être tout à fait.

ÇA MARCHE À LA CRÈCHE MAIS PAS À LA MAISON

Comme c'est étrange... Il est propre à la crèche ou chez la nounou mais préfère les couches dès qu'il remet les pieds à la maison. Après mûre réflexion, vous parvenez à cette conclusion qu'il vous en veut personnellement et qu'il a un message plus ou moins subliminal à vous faire passer d'urgence. Vous n'avez peut-être pas tout à fait tort. Que se passe-t-il ? Envisagez les hypothèses suivantes :

- **Il y a moins de pression affective chez la nounou ou à la crèche.** Les professionnelles de la petite enfance que sont les auxiliaires de puériculture et les assistantes maternelles ne se mélangent pas les pinceaux, elles ! L'affect n'entre en rien dans l'apprentissage de la propreté. Les instructions sont claires, simples. Et leurs réactions justes et adaptées. Peut-être que, à la maison, tout se mélange un peu ces derniers temps... Remettez la question de la propreté à sa place. C'est un apprentissage comme il en existe tant. Ne le prenez pas au sérieux à ce point et ne soyez pas tout le temps sur le dos de votre enfant. Mettez un peu de joie et de légèreté dans cette affaire de pot. Et puis, n'hésitez pas à échanger avec celle « à qui tout réussit ». Comment s'y prend-elle ? Que lui dit-elle ? Il est important d'instaurer un dialogue afin d'assurer une continuité entre les deux lieux de vie de Pitchoun.
- **Il aime faire le grand avec ses copains mais préfère rester Pitchoun avec vous.** Avez-vous du mal à quitter ce temps béni de la fusion ? Traquez vos propres incohérences ! Vous ne pouvez pas exiger de lui qu'il soit propre si vous continuez à le traiter en

bébé quand cela vous arrange. Par exemple en lui donnant un biberon au petit déjeuner, en lui rappelant constamment qu'il a oublié son doudou, en l'autorisant à parler avec sa tétine, en le portant dans vos bras dès qu'il le réclame... Cela vous rappelle-t-il quelque chose ? Très bien. Grandissez un peu et il grandira !

- **Il s'oppose à vous dans un désir d'émancipation et se soustrait à votre volonté.** En ce moment, il n'a aucune envie d'obtempérer à vos ordres, de se soumettre à vos désirs. Quel que soit son environnement, l'enfant a tendance à écouter plus facilement son père que sa mère, par exemple, ou sa nounou que sa mamie. Il ira dans le sens de celui ou celle qui lui en demande le moins, celui ou celle qui sait où, quand et comment lui parler ou, à l'inverse, celui ou celle dont il craint l'autorité, ou encore dont il sait qu'elle est juste. Bref, votre enfant est unique mais les relations qu'il entretient avec les uns et les autres sont singulières. Si vous constatez que votre relation est actuellement conflictuelle, pensez à passer le relais. Si ça coince à la maison, l'autre parent de Pitchoun peut [et doit] probablement s'investir davantage dans cet apprentissage. Il faut absolument apaiser la situation et éviter que la relation ne vire au règlement de comptes.

IL ENTRE À L'ÉCOLE DANS DIX JOURS ET N'EST TOUJOURS PAS PROPRE

Vous avez attendu le bon moment mais celui-ci n'est jamais venu. Le résultat n'est pas franchement réjouissant. La rentrée des classes, c'est dans dix jours et Pitchoun se balade toujours en couche. Pas de panique ! L'anxiété n'a jamais apporté de solution à quoi que ce soit, ça se saurait !

Sachez d'abord que si, en théorie, l'école peut refuser un enfant qui ne serait pas complètement propre le jour de la rentrée, en pratique, les incidents occasionnels et temporaires sont tolérés pendant encore quelques semaines. Ça va déjà mieux ? Malgré tout, il est temps de passer la seconde !

- **À J –10, procédez comme à J –100.** Vous ne devez pas perdre de temps mais ne devez pas harceler Pitchoun non plus. Trop de pression de votre part et c'est l'échec assuré. Écourtez les quatre étapes de notre méthode si vous le pouvez, mais essayez de ne pas les sauter.

- **Évitez de lui affirmer que s'il n'est pas propre il retournera à la crèche ou chez la nounou.** Votre enfant pourrait craindre d'être exclu ou stigmatisé, alors même qu'il n'a pas encore mis les pieds à l'école ! Par ailleurs, il se peut que Pitchoun n'ait pas du tout envie d'y aller, dans cette fichue école dont on lui rebat les oreilles ! Auquel cas ce problème de propreté est le moyen idéal d'y échapper.

- **Pour vous aussi, l'entrée en maternelle est une étape.** Ne vous étonnez pas qu'il continue à mouiller ses culottes si vous lui répétez toute la journée qu'il va vous manquer.

- **Envisagez une solution de repli,** comme une rentrée différée à la Toussaint ou des journées plus courtes, seulement le matin par exemple. Bizarrement, vous faire à cette idée et vous organiser peuvent suffire à débloquer la situation.

- **Si vous sentez que votre enfant est anxieux** à l'idée d'entrer dans la cour des grands, racontez-lui votre histoire, votre propre entrée à l'école, vos souvenirs, vos inquiétudes d'alors. Cela le rassurera de savoir qu'il n'est pas tout seul avec son problème.

- **Répétez les petites phrases magiques :** « Tu vas y arriver », « J'ai confiance en toi », « Tout le monde est passé par là », « Ne t'inquiète pas », « C'est toi le chef, c'est toi qui décides du bon moment ». Créez vos propres mantras positifs !

Le jour J, si le problème persiste, ne faites pas comme si de rien n'était. Évoquez le petit souci avec l'institutrice, l'aide maternelle, la directrice, etc. Rassurez-vous, ce n'est pas la première fois qu'elles sont confrontées au problème. Elles pourront vous proposer des aménagements, être davantage à l'écoute de votre enfant et anticiper les probables accidents.

Surtout, n'envoyez pas Pitchoun à l'école sans rien dire ni prévoir, en espérant un déclic immédiat et salvateur. Certes, l'entrée à la maternelle peut agir comme un électrochoc ! Votre enfant, motivé par ses petits camarades, devient propre du jour au lendemain. Mais si, malheureusement, ce n'est pas le cas, vous risquez de le fâcher avec les bancs de l'école. Sans compter que le personnel enseignant, pas dupe, ne vous remercierait pas. Bref, les grandes études de Pitchoun ne débuteraient pas sous les meilleurs auspices.

Conclusion

De même qu'il n'existe pas de parent parfait ni d'enfant idéal, il n'y a pas de méthode incontestable. Nous espérons que les conseils donnés dans cet ouvrage ont répondu à vos questions, à vos inquiétudes, et vous permettront de vous lancer dans l'apprentissage de la propreté sans anxiété, le cœur léger. C'est à vous de tester les conseils, d'expérimenter à partir de cette méthode. Vous connaissez parfaitement votre enfant, ses points forts, ses vulnérabilités, ce qui marche avec lui et ce qui le décourage. Prenez un moment pour vous approprier ce guide et laissez-vous la possibilité d'enfreindre certaines de ces « règles », sans culpabilité. Ne mettez jamais de côté votre bon sens légendaire ! N'essayez pas de correspondre parfaitement à ce parent suprême et théorique, décrit avec moult détails au café du commerce. Restez vous-même et faites de votre mieux. Car c'est d'un parent confiant et respectueux de lui-même comme de sa progéniture que l'enfant a besoin. Pas d'un modèle de perfection ! Le pédiatre, psychiatre et psychanalyste britannique Donald W. Winnicott disait de la mère qu'elle gagnait à être « suffisamment » bonne. Ce qui veut dire ni trop, ni pas assez.

Ce livre a pour objectif de transformer cette sombre affaire de pot en une belle aventure parsemée de jolies découvertes. Votre enfant va découvrir son corps, ses capacités, l'effet que ça fait de devenir un grand. Quant à vous, vous allez découvrir un Pitchoun autonome, motivé, persévérant. Et l'effet que ça fait de le voir devenir un grand...

Bibliographie spéciale Pitchoun

Ah les livres ! Que ferions-nous sans eux ? Ils expliquent, ils dédramatisent, ils racontent, ils occupent Pitchoun quand il est assis sur le trône… Voici une sélection d'ouvrages lus et approuvés, à consommer sans modération.

Des livres pour se familiariser avec son corps :

- *Caca, prout,* de Catherine Dolto, Colline Faure-Poirée et Frédérick Mansot, Giboulées.
- *De la petite taupe qui voulait savoir qui lui avait fait sur la tête*, de Wolf Erlbruch et Werner Holzwarth, Milan.

Des livres pour comprendre le pot :

- *La Propreté selon Gudule*, de Fanny Joly, Hachette Jeunesse.
- *Ça s'appelle un pot*, de Sophie Lebot, Lito.
- *Le pot, ça sert à quoi ?* de Sophie Bellier et Marie Quentrec, Fleurus.
- *Un petit pot pour Corentin*, d'Aline de Pétigny, Chantecler.

Des livres pour rigoler :

- *Pipi* et *Prout*, de Pittau et Gervais, Seuil Jeunesse.

Des livres pour vaincre la peur et dédramatiser :

- *Non, je ne veux pas... le pot*, de Nathalie Bélineau, Émilie Beaumont et Camille Dubois, Fleurus.
- *Non, pas le pot !* de Stephanie Blake, L'École des Loisirs.
- *Petit Lapin Blanc et le pipi au lit*, de Marie-France Floury et Fabienne Boisnard, Gautier-Languereau.

Des livres pour voir des stars aux toilettes :

- *T'choupi va sur le pot*, de Thierry Courtin, Nathan.
- *Petit Ours Brun sur le pot*, de Danièle Bour, Diane Barbara et Martin Bour, Bayard.
- *Bébé Koala sur le pot*, de Nadia Berkane et Alexis Nesme, Hachette Jeunesse.
- *Léo et Popi sur le pot*, de Claire Clément et Lucy Brum, Bayard Jeunesse.

Des livres pour plus tard sur l'hygiène et l'ordre :

- *La Propreté*, de Françoise Rastoin-Faugeron et Benjamin Chaud, Nathan.
- *Lili est désordre*, de Dominique de Saint Mars et Serge Bloch, Calligram.

Découvrez toute la collection

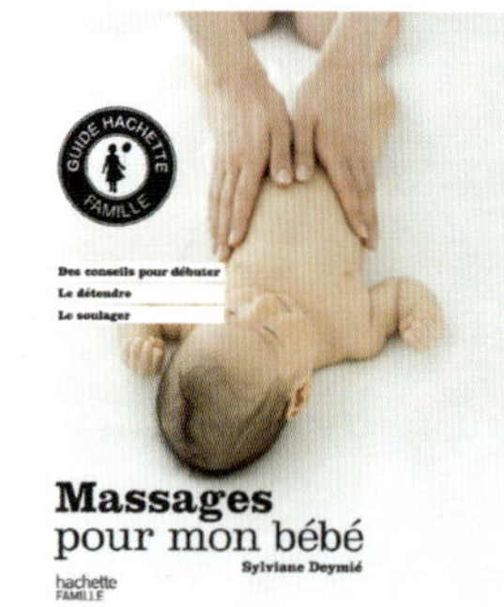

Autres livres Hachette Famille

Direction : Catherine Saunier-Talec
Responsable éditoriale : Anne Le Meur
Édition : Caroline Terral
Responsable artistique : Antoine Béon
Conception graphique et couverture : Le Bureau des Affaires Graphiques
Adaptation et réalisation : Fabienne Vaslet
Correction : Catherine Schram
Fabrication : Amélie Latsch
Partenariats : Sophie Morier (smorier@hachette-livre.fr)

Crédits photographiques :
Couverture Fotolia © inna_astakhova
Intérieur Fotolia : © morelia1983 : 2 ; © danr13 : 4 ; © oksix : 7 ; © Hallgerd : 14 ; © jamesfindlay : 25 ; © Siarhei Pleshakou (pot) et © vector_master (flèche) : 31 ; © KaYann : 32 ; © Renata Osinska : 43 ; © Faye Kirchner : 44 ; © Hallgerd : 53 ; © Sergiy Bykhunenko : 60 ; © dalaprod : 68 ; © gunnar3000 : 71 ; © Boris Ryaposov : 78 ; © Xavier Marchant : 89 ; © altanaka : 90.

© 2014, Hachette Livre (Hachette Pratique), Paris

Toute représentation ou reproduction, intégrale ou partielle, faite sans le consentement de l'auteur, ou de ses ayants droits ou ayants cause, est illicite (art. L. 122-4 du code de la propriété intellectuelle). Cette représentation, ou reproduction, par quelque procédé que ce soit, constituerait une contrefaçon sanctionnée par l'article L. 3345-2 du Code de la propriété intellectuelle.

Imprimé par Castelli Bolis Poligrafic en Italie
Dépôt légal : juin 2014
23-05-8670-01-4
ISBN : 978-2-01-238670-9

Pour l'éditeur, le principe est d'utiliser des papiers composés de fibres naturelles, renouvelables, recyclables et fabriquées à partir de bois issus de forêts qui adoptent un système d'aménagement durable. En outre, l'éditeur attend de ses fournisseurs de papier qu'ils s'inscrivent dans une démarche de certification environnementale reconnue.

PAPIER À BASE DE FIBRES CERTIFIÉES

hachette s'engage pour l'environnement en réduisant l'empreinte carbone de ses livres. Celle de cet exemplaire est de : 400 g éq. CO_2
Rendez-vous sur www.hachette-durable.fr